职业教育改革创新示范教材 II

# 汽车涂装工艺工作页

QICHE TUZHUANG GONGYI GONGZUOYE

主 编　向忠国　易建红

人民交通出版社股份有限公司
China Communications Press Co., Ltd.

## 内 容 提 要

本书是职业教育改革创新示范教材之一，与教材《汽车涂装工艺》配套作用。本书将《汽车涂装工艺》的各学习任务按照教学组织及工作实际需要细分成若干工作页，如表面清洁、表面除油、鉴定涂层种类及评估损坏程度、除旧漆与除锈、打磨羽状边、喷枪的调节与维护等。在内容编排及组织形式上采取项目引领、任务驱动的方式，教师可直接按照工作页的程序进行教学组织，学生可直接按照工作页的程序进行相关内容的学习。

本书可作为职业院校汽车车身修复专业、汽车运用与维修专业的教材，也可供汽车维修及相关专业人员参考阅读。

**图书在版编目(CIP)数据**

汽车涂装工艺工作页 / 向忠国，易建红主编. —北京：人民交通出版社股份有限公司，2014.5
职业教育改革创新示范教材
ISBN 978-7-114-11414-4

Ⅰ.①汽… Ⅱ.①向…②易… Ⅲ.①汽车—涂装—高等职业教育—教材 Ⅳ.①U472.44

中国版本图书馆 CIP 数据核字(2014)第 091512 号

职业教育改革创新示范教材Ⅱ

| | |
|---|---|
| 书　　名： | 汽车涂装工艺工作页 |
| 著 作 者： | 向忠国　易建红 |
| 责任编辑： | 戴慧莉 |
| 出版发行： | 人民交通出版社股份有限公司 |
| 地　　址： | (100011)北京市朝阳区安定门外外馆斜街 3 号 |
| 网　　址： | http://www.ccpress.com.cn |
| 销售电话： | (010)59757973 |
| 总 经 销： | 人民交通出版社股份有限公司发行部 |
| 经　　销： | 各地新华书店 |
| 印　　刷： | 北京市密东印刷有限公司 |
| 开　　本： | 787×1092　1/16 |
| 印　　张： | 8.5 |
| 字　　数： | 197 千 |
| 版　　次： | 2014 年 5 月　第 1 版 |
| 印　　次： | 2014 年 5 月　第 1 次印刷 |
| 书　　号： | ISBN 978-7-114-11414-4 |
| 定　　价： | 20.00 元 |

(有印刷、装订质量问题的图书由本公司负责调换)

# 职业教育改革创新示范教材编委会

（排名不分先后）

主　　　任：简玉麟(武汉市交通学校)

副 主 任：曹建波(武汉市交通学校)

　　　　　袁立新(湖北黄冈交通学校)

　　　　　徐太长[湖北交通职业技术学院(中职部)]

　　　　　高德胜(武汉市东西湖职业技术学校)

　　　　　杨　进(武汉市汽车应用工程学校)

　　　　　刘　涛(武汉市第三职业教育中心)

　　　　　龙善寰(武汉机电工程学校)

　　　　　李　强[湖北十堰职业技术(集团)学校]

　　　　　余明星(武汉市交通学校)

　　　　　程　骏(武汉中交盛世图书有限公司)

委　　　员：张宏立、刘惠明、宋波舰、任晓农、蔡明清、何爱明、冯汉喜、

　　　　　何本琼、易建红、彭万平(武汉市交通学校)

　　　　　朱帆、吴晓冬(湖北黄冈交通学校)

　　　　　黄远军、刘小锋、黄刚[湖北交通职业技术学院(中职部)]

　　　　　邹雄杰、黄丽丽、宗传海、李晶(武汉市东西湖职业技术学校)

　　　　　周琴、林琪、牛伟华、白建桥、童大成(武汉市汽车应用工程学校)

　　　　　董劲松、叶婷婷、晏雄波(武汉市第三职业教育中心)

　　　　　彭无尘、胡罡、宋天齐、孙德勋(武汉机电工程学校)

　　　　　唐棠、余立明、周松兵[湖北十堰职业技术(集团)学校]

# 前言 FOREWORD

《国家中长期教育改革和发展规划纲要(2010—2020年)》中提出:大力发展职业教育,把职业教育纳入经济社会发展和产业发展规划,把提高质量作为重点;以服务为宗旨,以就业为导向,推进教育教学改革。实行工学结合、校企合作、顶岗实习的人才培养模式;满足人民群众接受职业教育的需求,满足经济社会对高素质劳动者和技能型人才的需要。

职业教育的发展已作为国家当前教育发展的战略重点之一,但目前学校所使用的教材普遍存在以下几个方面的问题:

(1) 学生反映难理解,教师反映不好教;

(2) 企业反映脱离实际,与他们的需求距离很大;

(3) 不适应新一轮教学改革的需要,汽车车身修复、汽车商务、汽车美容与装潢等专业教材急缺;

(4) 立体化程度不够,教学资源质量不高,教学方式相对落后。

针对以上问题,结合人民交通出版社汽车类专业教材的出版优势,我们开发了"职业教育改革创新示范教材"。本套教材以"积极探索教学改革思路,充分考虑区域性特点,提升学生职业素质"的指导思想,采用职教专家、行业一线专家、学校教师、出版社编辑"四结合"的编写模式。教材内容的特点是:准确体现职业教育特点(以工作岗位所需的知识和技能为出发点);理论内容"必需、够用";实训内容贴合工作一线实际;选图讲究,易懂易学。

该套教材将先进的教学内容、教学方法与教学手段有效地结合起来,形成课本、课件(部分课程配)和习题集(部分课程配)三位一体的立体教学模式。

本书是《汽车涂装工艺》教材配套的工作页,由武汉市交通学校向忠国、易建红老师担任主编,李和平、张宏立老师参加编写。

限于编者的经历和水平,书中难免有不妥或错误之处,敬请广大读者批评指正,提出修改意见和建议,以便再版修订时改正。

职业教育改革创新示范教材编委会

2014年3月

# 目录 CONTENTS

### 学习任务一　表面的清洁与除油

课题卡一　表面清洁 …………………………………………………………… 1

课题卡二　表面除油 …………………………………………………………… 6

### 学习任务二　表面的前处理

课题卡一　鉴定涂层种类与评估损坏程度 …………………………………… 11

课题卡二　除旧漆与除锈 ……………………………………………………… 16

课题卡三　打磨羽状边 ………………………………………………………… 21

### 学习任务三　底漆的涂装

课题卡一　喷枪的调节与维护 ………………………………………………… 26

课题卡二　遮蔽 ………………………………………………………………… 31

课题卡三　底漆的调配与喷涂 ………………………………………………… 36

### 学习任务四　腻子的刮涂及打磨

课题卡一　腻子的刮涂 ………………………………………………………… 41

课题卡二　腻子的打磨 ………………………………………………………… 46

### 学习任务五　中涂底漆的涂装

课题卡一　中涂底漆的喷涂 …………………………………………………… 51

课题卡二　中涂底漆的打磨与修整 …………………………………………… 56

### 学习任务六　面漆的调色

课题卡一　电脑调色 …………………………………………………………… 61

课题卡二　人工调漆 ………………………………………………………………… 66

## 学习任务七　面漆的涂装

　　课题卡一　单工序面漆的涂装 …………………………………………………… 71
　　课题卡二　双工序面漆的涂装 …………………………………………………… 76

## 学习任务八　面漆的修整

　　课题卡一　抛光打蜡 ……………………………………………………………… 81
　　课题卡二　常见面漆缺陷的处理 ………………………………………………… 86

## 学习任务九　塑料件的涂装

　　课题卡一　新塑料件的涂装 ……………………………………………………… 91
　　课题卡二　旧塑料件的涂装 ……………………………………………………… 96

## 学习任务十　局部修补涂装

　　课题卡一　单工序面漆局部修补涂装 …………………………………………… 101
　　课题卡二　双工序面漆局部修补涂装 …………………………………………… 106

## 学习任务十一　板块修补涂装

　　课题卡一　单工序面漆板块修补涂装 …………………………………………… 111
　　课题卡二　双工序面漆板块修补涂装 …………………………………………… 116

## 学习任务十二　全车涂装

　　课题卡一　全车面漆前处理 ……………………………………………………… 121
　　课题卡二　全车面漆及面漆后处理 ……………………………………………… 126

# 学习任务一

## 表面的清洁与除油

### 课题卡一　表面清洁

| 任务名称 | 表面清洁 | | | | | 学时 | |
|---|---|---|---|---|---|---|---|
| 姓名 | | 专业 | | 班级 | | 日期 | |

**一、任务描述**

1. 任务目标：_____

_____。

2. 任务要求：_____

_____。

**二、资料收集**

1. 汽车涂装的作用是什么？

2. 汽车涂装有什么特点？汽车修补涂装有什么特点？

3. 汽车涂装是如何进行分类的？

4. 其他还需要补充的资料有哪些？

续上表

### 三、制订计划

1. 小组分工。

| 任务名称 | | | | | | |
|---|---|---|---|---|---|---|
| 职位 | 岗位职责 | 担任职位 | 评价 | | | |
| | | | 自评 | 互评 | 师评 | |
| 组长 | 负责整个维修小组的管理、组织和实施 | | | | | |
| 质检员 | 负责对工艺流程、安全生产、作业质量等方面进行监督和检查 | | | | | |
| 讲解员 | 负责讲解本组的计划方案和计划实施 | | | | | |
| 维修员 | 负责工具的使用、维护、整个工艺流程的操作实施 | | | | | |
| 职位分为维修小组组长1人、质检员1人、讲解员1人、维修员2人，个人在所承担的职位栏里打"√"；评价一栏按个人履行职责情况分为A—优秀、B—良好、C—合格、D—不合格四个档次进行评价。 | | | | | | |

2. 分组后检查工件情况。

本小组的工位号是_____号，工件是_____，工件存在的缺陷（或问题）是：_____。

3. 讨论并制订工作计划。

| 序号 | 工作流程 | 所需要的工具、设备及材料 | 质量要求 | 工时 | 备注 |
|---|---|---|---|---|---|
| | | | | | |
| | | | | | |
| | | | | | |
| | | | | | |
| | | | | | |
| | | | | | |

4. 方案检查。

有无重大缺陷或存在不安全因素：□ 有　　□ 无

如果有重大缺陷或存在不安全因素需返回重新讨论并修改，直至教师签字认可。

教师意见：_____　教师签字：_____

续上表

**四、计划实施**

1. 按方案执行计划。
2. 记录自己存在的问题并查找解决方法。

| 序号 | 存在的问题或老师指导的问题 | 存在问题的原因及解决方法 | 老师的回答 |
| --- | --- | --- | --- |
| 1 | | | |
| 2 | | | |
| 3 | | | |
| 4 | | | |
| 5 | | | |
| 6 | | | |
| 7 | | | |
| 8 | | | |
| 9 | | | |
| 10 | | | |

**五、检验控制**

1. 师生共同检查完成效果,对存在的问题寻求解决方法,并记录在上表。
2. 教师进行操作演示,学生观看演示并记录操作要点。

## 学习任务一 表面的清洁与除油

续上表

3.修改及完善工作计划,按规范工艺重新进行操作并进行评价。

| 任务名称 | | | 完成时间 | | | min | |
|---|---|---|---|---|---|---|---|
| 序号 | 工序名称 | 详细操作步骤 | 工具设备及材料 | 质量要求 | 完成效果评价 | | |
| | | | | | 自评 | 互评 | 师评 |
| 1 | | | | | | | |
| 2 | | | | | | | |
| 3 | | | | | | | |
| 4 | | | | | | | |
| 5 | | | | | | | |
| 6 | | | | | | | |
| 7 | | | | | | | |
| 8 | | | | | | | |
| 9 | | | | | | | |
| 10 | | | | | | | |
| | | | | 总评 | | | |

完成效果评价分为:A—优秀、B—良好、C—合格、D—不合格四个档次。

4.小组自检,无问题后提交作品。

5.小组间相互检查学习成果。

续上表

**六、评价总结**

1. 老师给我的评价：

2. 同学给我的评价：

3. 自我评价及学习小结：

**七、评估**

| 考评项目 | | 自我评估 | 小组互评 | 教师评估 | 备注 |
|---|---|---|---|---|---|
| 素质考评20分 | 劳动纪律10分 | | | | |
| | 环保意识10分 | | | | |
| 工单考评20分 | | | | | |
| 实操考评60分 | 工具使用5分 | | | | |
| | 任务方案10分 | | | | |
| | 实施过程30分 | | | | |
| | 完成情况15分 | | | | |
| | 其他 | | | | |
| 小计 | | | | | |
| 得分 | | | | | |

组长签字： 　　　　教师签字：

学习任务一　表面的清洁与除油

## 课题卡二　表面除油

| 任务名称 | 表面除油 | | | | | 学时 | |
|---|---|---|---|---|---|---|---|
| 姓名 | | 专业 | | 班级 | | 日期 | |

**一、任务描述**

1.任务目标：_____

_____。

2.任务要求：_____

_____。

**二、资料收集**

1.表面除油对环境有哪些危害？如何处理？

2.表面除油对人体有哪些危害？如何预防保护？

3.防火防爆有哪些措施？

4.其他还需要补充的资料有哪些？

汽车涂装工艺工作页

续上表

### 三、制订计划

1. 小组分工。

| 任务名称 | | | 评价 | | |
|---|---|---|---|---|---|
| 职位 | 岗位职责 | 担任职位 | 自评 | 互评 | 师评 |
| 组长 | 负责整个维修小组的管理、组织和实施 | | | | |
| 质检员 | 负责对工艺流程、安全生产、作业质量等方面进行监督和检查 | | | | |
| 讲解员 | 负责讲解本组的计划方案和计划实施 | | | | |
| 维修员 | 负责工具的使用、维护、整个工艺流程的操作实施 | | | | |

职位分为维修小组组长1人、质检员1人、讲解员1人、维修员2人,个人在所承担的职位栏里打"√";评价一栏按个人履行职责情况分为A—优秀、B—良好、C—合格、D—不合格四个档次进行评价。

2. 分组后检查工件情况。

本小组的工位号是_____号,工件是_____,工件存在的缺陷(或问题)是:_____
_____。

3. 讨论并制订工作计划。

| 序号 | 工作流程 | 所需要的工具、设备及材料 | 质量要求 | 工时 | 备注 |
|---|---|---|---|---|---|
| | | | | | |
| | | | | | |
| | | | | | |
| | | | | | |

4. 方案检查。

有无重大缺陷或存在不安全因素:□有　　□无

如果有重大缺陷或存在不安全因素需返回重新讨论并修改,直至教师签字认可。

教师意见:_____　　　　教师签字:_____

### 四、计划实施

1. 按方案执行计划。

2. 记录自己存在的问题并查找解决方法。

续上表

| 序号 | 存在的问题或老师指导的问题 | 存在问题的原因及解决方法 | 老师的回答 |
|---|---|---|---|
| 1 | | | |
| 2 | | | |
| 3 | | | |
| 4 | | | |
| 5 | | | |
| 6 | | | |
| 7 | | | |
| 8 | | | |
| 9 | | | |
| 10 | | | |

**五、检验控制**

1. 师生共同检查完成效果,对存在的问题寻求解决方法,并记录在上表。
2. 教师进行操作演示,学生观看演示并记录操作要点。

续上表

3. 修改及完善工作计划,按规范工艺重新进行操作并进行评价。

| 任务名称 | | 完成时间 | | min | | |
|---|---|---|---|---|---|---|
| 序号 | 工序名称 | 详细操作步骤 | 工具设备及材料 | 质量要求 | 完成效果评价 | | |
| | | | | | 自评 | 互评 | 师评 |
| 1 | | | | | | | |
| 2 | | | | | | | |
| 3 | | | | | | | |
| 4 | | | | | | | |
| 5 | | | | | | | |
| 6 | | | | | | | |
| 7 | | | | | | | |
| 8 | | | | | | | |
| 9 | | | | | | | |
| 10 | | | | | | | |
| | | | | 总评 | | | |

完成效果评价分为:A—优秀、B—良好、C—合格、D—不合格四个档次。

4. 小组自检,无问题后提交作品。
5. 小组间相互检查学习成果。

## 学习任务一　表面的清洁与除油

续上表

**六、评价总结**

1. 老师给我的评价：

2. 同学给我的评价：

3. 自我评价及学习小结：

**七、评估**

| 考评项目 | | 自我评估 | 小组互评 | 教师评估 | 备注 |
| --- | --- | --- | --- | --- | --- |
| 素质考评20分 | 劳动纪律10分 | | | | |
| | 环保意识10分 | | | | |
| 工单考评20分 | | | | | |
| 实操考评60分 | 工具使用5分 | | | | |
| | 任务方案10分 | | | | |
| | 实施过程30分 | | | | |
| | 完成情况15分 | | | | |
| | 其他 | | | | |
| 小计 | | | | | |
| 得分 | | | | | |

组长签字：　　　　　教师签字：

# 学习任务二
## 表面的前处理

### 课题卡一 鉴定涂层种类与评估损坏程度

| 任务名称 | 鉴定涂层种类与评估损坏程度 | | | | 学时 | |
|---|---|---|---|---|---|---|
| 姓名 | | 专业 | | 班级 | 日期 | |

**一、任务描述**

1. 任务目标：_____

_____。

2. 任务要求：_____

_____。

**二、资料收集**

1. 什么是表面的前处理？涂装前为什么要进行表面的前处理？

2. 为什么要鉴别旧涂层和底材的种类？

3. 评估损坏程度有什么意义？

4. 其他还需要补充的资料有哪些？

## 学习任务二　表面的前处理

续上表

### 三、制订计划

1. 小组分工。

| 任务名称 | | | | | |
|---|---|---|---|---|---|
| 职位 | 岗位职责 | 担任职位 | 评价 | | |
| | | | 自评 | 互评 | 师评 |
| 组长 | 负责整个维修小组的管理、组织和实施 | | | | |
| 质检员 | 负责对工艺流程、安全生产、作业质量等方面进行监督和检查 | | | | |
| 讲解员 | 负责讲解本组的计划方案和计划实施 | | | | |
| 维修员 | 负责工具的使用、维护、整个工艺流程的操作实施 | | | | |

职位分为维修小组组长 1 人、质检员 1 人、讲解员 1 人、维修员 2 人，个人在所承担的职位栏里打"√"；评价一栏按个人履行职责情况分为 A—优秀、B—良好、C—合格、D—不合格四个档次进行评价。

2. 分组后检查工件情况。

本小组的工位号是_____号,工件是_____,工件存在的缺陷(或问题)是:_____
_____。

3. 讨论并制订工作计划。

| 序号 | 工作流程 | 所需要的工具、设备及材料 | 质量要求 | 工时 | 备注 |
|---|---|---|---|---|---|
| | | | | | |
| | | | | | |
| | | | | | |
| | | | | | |
| | | | | | |

4. 方案检查。

有无重大缺陷或存在不安全因素：□有　　□无

如果有重大缺陷或存在不安全因素需返回重新讨论并修改，直至教师签字认可。

教师意见：_____教师签字：_____

续上表

四、计划实施

1. 按方案执行计划。
2. 记录自己存在的问题并查找解决方法。

| 序号 | 存在的问题或老师指导的问题 | 存在问题的原因及解决方法 | 老师的回答 |
| --- | --- | --- | --- |
| 1 | | | |
| 2 | | | |
| 3 | | | |
| 4 | | | |
| 5 | | | |
| 6 | | | |
| 7 | | | |
| 8 | | | |
| 9 | | | |
| 10 | | | |

五、检验控制

1. 师生共同检查完成效果,对存在的问题寻求解决方法,并记录在上表。
2. 教师进行操作演示,学生观看演示并记录操作要点。

## 学习任务二　表面的前处理

续上表

3. 修改及完善工作计划,按规范工艺重新进行操作并进行评价。

| 任务名称 | | 完成时间 | | | | min |
|---|---|---|---|---|---|---|
| 序号 | 工序名称 | 详细操作步骤 | 工具设备及材料 | 质量要求 | 完成效果评价 | | |
| | | | | | 自评 | 互评 | 师评 |
| 1 | | | | | | | |
| 2 | | | | | | | |
| 3 | | | | | | | |
| 4 | | | | | | | |
| 5 | | | | | | | |
| 6 | | | | | | | |
| 7 | | | | | | | |
| 8 | | | | | | | |
| 9 | | | | | | | |
| 10 | | | | | | | |
| | | | | | 总评 | | |

完成效果评价分为:A—优秀、B—良好、C—合格、D—不合格四个档次。

4. 小组自检,无问题后提交作品。

5. 小组间相互检查学习成果。

续上表

### 六、评价总结

1. 老师给我的评价：

2. 同学给我的评价：

3. 自我评价及学习小结：

### 七、评估

| 考评项目 | | 自我评估 | 小组互评 | 教师评估 | 备注 |
|---|---|---|---|---|---|
| 素质考评20分 | 劳动纪律10分 | | | | |
| | 环保意识10分 | | | | |
| 工单考评20分 | | | | | |
| 实操考评60分 | 工具使用5分 | | | | |
| | 任务方案10分 | | | | |
| | 实施过程30分 | | | | |
| | 完成情况15分 | | | | |
| | 其他 | | | | |
| 小计 | | | | | |
| 得分 | | | | | |

组长签字：　　　　　　教师签字：

学习任务二　表面的前处理

## 课题卡二　除旧漆与除锈

| 任务名称 | 除旧漆与除锈 | | | | | 学时 | |
|---|---|---|---|---|---|---|---|
| 姓名 | | 专业 | | 班级 | | 日期 | |

**一、任务描述**

1. 任务目标：_____
_____。

2. 任务要求：_____
_____。

**二、资料收集**

1. 汽车车身常用金属材料的特点及前处理方法有哪些？

2. 汽车涂层一般有几层？

3. 每个涂层的作用是什么？

4. 其他还需要补充的资料有哪些？

续上表

### 三、制订计划

1. 小组分工。

| 任务名称 | | | | | | |
|---|---|---|---|---|---|---|
| 职位 | 岗位职责 | 担任职位 | 评价 | | | |
| | | | 自评 | 互评 | 师评 | |
| 组长 | 负责整个维修小组的管理、组织和实施 | | | | | |
| 质检员 | 负责对工艺流程、安全生产、作业质量等方面进行监督和检查 | | | | | |
| 讲解员 | 负责讲解本组的计划方案和计划实施 | | | | | |
| 维修员 | 负责工具的使用、维护、整个工艺流程的操作实施 | | | | | |

职位分为维修小组组长1人、质检员1人、讲解员1人、维修员5人，个人在所承担的职位栏里打"√"；评价一栏按个人履行职责情况分为 A—优秀、B—良好、C—合格、D—不合格四个档次进行评价。

2. 分组后检查工件情况。

本小组的工位号是＿＿＿＿号，工件是＿＿＿＿，工件存在的缺陷（或问题）是：＿＿＿＿＿＿＿＿＿＿＿＿＿＿＿＿＿＿＿＿＿＿＿＿＿＿＿＿＿＿＿＿＿＿＿＿＿＿＿＿＿＿＿。

3. 讨论并制订工作计划。

| 序号 | 工作流程 | 所需要的工具、设备及材料 | 质量要求 | 工时 | 备注 |
|---|---|---|---|---|---|
| | | | | | |
| | | | | | |
| | | | | | |
| | | | | | |

4. 方案检查。

有无重大缺陷或存在不安全因素：□有　　□无

如果有重大缺陷或存在不安全因素需返回重新讨论并修改，直至教师签字认可。

教师意见：＿＿＿＿＿＿＿＿＿＿＿＿＿＿＿＿＿＿＿教师签字：＿＿＿＿＿＿＿＿＿＿

## 学习任务二 表面的前处理

续上表

**四、计划实施**

1. 按方案执行计划。
2. 记录自己存在的问题并查找解决方法。

| 序号 | 存在的问题或老师指导的问题 | 存在问题的原因及解决方法 | 老师的回答 |
| --- | --- | --- | --- |
| 1 | | | |
| 2 | | | |
| 3 | | | |
| 4 | | | |
| 5 | | | |
| 6 | | | |
| 7 | | | |
| 8 | | | |
| 9 | | | |
| 10 | | | |

**五、检验控制**

1. 师生共同检查完成效果,对存在的问题寻求解决方法,并记录在上表。
2. 教师进行操作演示,学生观看演示并记录操作要点。

续上表

3. 修改及完善工作计划,按规范工艺重新进行操作并进行评价。

| 任务名称 | | | 完成时间 | | | | min |
|---|---|---|---|---|---|---|---|
| 序号 | 工序名称 | 详细操作步骤 | 工具设备及材料 | 质量要求 | 完成效果评价 | | |
| | | | | | 自评 | 互评 | 师评 |
| 1 | | | | | | | |
| 2 | | | | | | | |
| 3 | | | | | | | |
| 4 | | | | | | | |
| 5 | | | | | | | |
| 6 | | | | | | | |
| 7 | | | | | | | |
| 8 | | | | | | | |
| 9 | | | | | | | |
| 10 | | | | | | | |
| | | | | 总评 | | | |

完成效果评价分为:A—优秀、B—良好、C—合格、D—不合格四个档次。

4. 小组自检,无问题后提交作品。

5. 小组间相互检查学习成果。

续上表

## 六、评价总结

1. 老师给我的评价：

2. 同学给我的评价：

3. 自我评价及学习小结：

## 七、评估

| 考评项目 | | 自我评估 | 小组互评 | 教师评估 | 备注 |
| --- | --- | --- | --- | --- | --- |
| 素质考评20分 | 劳动纪律10分 | | | | |
| | 环保意识10分 | | | | |
| 工单考评20分 | | | | | |
| 实操考评60分 | 工具使用5分 | | | | |
| | 任务方案10分 | | | | |
| | 实施过程30分 | | | | |
| | 完成情况15分 | | | | |
| | 其他 | | | | |
| 小计 | | | | | |
| 得分 | | | | | |

组长签字：　　　　　　教师签字：

## 课题卡三　打磨羽状边

| 任务名称 | 打磨羽状边 | | | | | 学时 | |
|---|---|---|---|---|---|---|---|
| 姓名 | | 专业 | | 班级 | | 日期 | |

**一、任务描述**

1.任务目标：_____
_____。

2.任务要求：_____
_____。

**二、资料收集**

1.打磨机按照运动方式可分为哪三类？

2.打磨材料按背衬材料可分为哪几类？

3.为什么要打磨羽状边？羽状边周围区域的粗化有什么作用？

4.其他还需要补充的资料有哪些？

## 学习任务二　表面的前处理

续上表

### 三、制订计划

1. 小组分工。

| 任务名称 | | | | |
|---|---|---|---|---|
| 职位 | 岗位职责 | 担任职位 | 评价 | |
| | | | 自评　互评　师评 | |
| 组长 | 负责整个维修小组的管理、组织和实施 | | | |
| 质检员 | 负责对工艺流程、安全生产、作业质量等方面进行监督和检查 | | | |
| 讲解员 | 负责讲解本组的计划方案和计划实施 | | | |
| 维修员 | 负责工具的使用、维护、整个工艺流程的操作实施 | | | |

职位分为维修小组组长1人、质检员1人、讲解员1人、维修员2人，个人在所承担的职位栏里打"√"；评价一栏按个人履行职责情况分为 A—优秀、B—良好、C—合格、D—不合格四个档次进行评价。

2. 分组后检查工件情况。

本小组的工位号是_____号，工件是_____，工件存在的缺陷（或问题）是：_____。

3. 讨论并制订工作计划。

| 序号 | 工作流程 | 所需要的工具、设备及材料 | 质量要求 | 工时 | 备注 |
|---|---|---|---|---|---|
|  |  |  |  |  |  |
|  |  |  |  |  |  |
|  |  |  |  |  |  |
|  |  |  |  |  |  |
|  |  |  |  |  |  |

4. 方案检查。

有无重大缺陷或存在不安全因素：□有　　□无

如果有重大缺陷或存在不安全因素需返回重新讨论并修改，直至教师签字认可。

教师意见：_____教师签字：_____

续上表

### 四、计划实施

1. 按方案执行计划。
2. 记录自己存在的问题并查找解决方法。

| 序号 | 存在的问题或老师指导的问题 | 存在问题的原因及解决方法 | 老师的回答 |
|---|---|---|---|
| 1 | | | |
| 2 | | | |
| 3 | | | |
| 4 | | | |
| 5 | | | |
| 6 | | | |
| 7 | | | |
| 8 | | | |
| 9 | | | |
| 10 | | | |

### 五、检验控制

1. 师生共同检查完成效果,对存在的问题寻求解决方法,并记录在上表。
2. 教师进行操作演示,学生观看演示并记录操作要点。

续上表

3. 修改及完善工作计划，按规范工艺重新进行操作并进行评价。

| 任务名称 | | | 完成时间 | | min | | |
|---|---|---|---|---|---|---|---|
| 序号 | 工序名称 | 详细操作步骤 | 工具设备及材料 | 质量要求 | 完成效果评价 | | |
| | | | | | 自评 | 互评 | 师评 |
| 1 | | | | | | | |
| 2 | | | | | | | |
| 3 | | | | | | | |
| 4 | | | | | | | |
| 5 | | | | | | | |
| 6 | | | | | | | |
| 7 | | | | | | | |
| 8 | | | | | | | |
| 9 | | | | | | | |
| 10 | | | | | | | |
| | | | | 总评 | | | |

完成效果评价分为：A—优秀、B—良好、C—合格、D—不合格四个档次。

4. 小组自检，无问题后提交作品。

5. 小组间相互检查学习成果。

续上表

### 六、评价总结

1. 老师给我的评价：

2. 同学给我的评价：

3. 自我评价及学习小结：

### 七、评估

| 考评项目 | | 自我评估 | 小组互评 | 教师评估 | 备注 |
|---|---|---|---|---|---|
| 素质考评20分 | 劳动纪律10分 | | | | |
| | 环保意识10分 | | | | |
| 工单考评20分 | | | | | |
| 实操考评60分 | 工具使用5分 | | | | |
| | 任务方案10分 | | | | |
| | 实施过程30分 | | | | |
| | 完成情况15分 | | | | |
| | 其他 | | | | |
| 小计 | | | | | |
| 得分 | | | | | |

组长签字：　　　　　　教师签字：

# 学习任务三 底漆的涂装

## 课题卡一 喷枪的调节与维护

| 任务名称 | 喷枪的调节与维护 | | | | | 学时 | |
|---|---|---|---|---|---|---|---|
| 姓名 | | 专业 | | 班级 | | 日期 | |

**一、任务描述**

1. 任务目标：_____
_____。

2. 任务要求：_____
_____。

**二、资料收集**

1. 现在常用的空气喷枪有哪些类型？

2. 喷枪的基本操作应注意哪几个方面？

3. 怎样调节喷枪？

4. 其他还需要补充的资料有哪些？

续上表

### 三、制订计划

1. 小组分工。

| 任务名称 | | | | 评价 | | |
|---|---|---|---|---|---|---|
| 职位 | 岗位职责 | 担任职位 | 自评 | 互评 | 师评 |
| 组长 | 负责整个维修小组的管理、组织和实施 | | | | |
| 质检员 | 负责对工艺流程、安全生产、作业质量等方面进行监督和检查 | | | | |
| 讲解员 | 负责讲解本组的计划方案和计划实施 | | | | |
| 维修员 | 负责工具的使用、维护、整个工艺流程的操作实施 | | | | |

职位分为维修小组组长1人、质检员1人、讲解员1人、维修员2人,个人在所承担的职位栏里打"√";评价一栏按个人履行职责情况分为A—优秀、B—良好、C—合格、D—不合格四个档次进行评价。

2. 分组后检查工件情况。

本小组的工位号是_____号,工件是_____,工件存在的缺陷(或问题)是:_____。

3. 讨论并制订工作计划。

| 序号 | 工作流程 | 所需要的工具、设备及材料 | 质量要求 | 工时 | 备注 |
|---|---|---|---|---|---|
| | | | | | |
| | | | | | |
| | | | | | |
| | | | | | |

4. 方案检查。

有无重大缺陷或存在不安全因素:□有  □无

如果有重大缺陷或存在不安全因素需返回重新讨论并修改,直至教师签字认可。

教师意见:_____ 教师签字:_____

## 学习任务三　底漆的涂装

续上表

**四、计划实施**

1. 按方案执行计划。
2. 记录自己存在的问题并查找解决方法。

| 序号 | 存在的问题或老师指导的问题 | 存在问题的原因及解决方法 | 老师的回答 |
| --- | --- | --- | --- |
| 1 | | | |
| 2 | | | |
| 3 | | | |
| 4 | | | |
| 5 | | | |
| 6 | | | |
| 7 | | | |
| 8 | | | |
| 9 | | | |
| 10 | | | |

**五、检验控制**

1. 师生共同检查完成效果,对存在的问题寻求解决方法,并记录在上表。
2. 教师进行操作演示,学生观看演示并记录操作要点。

续上表

3.修改及完善工作计划,按规范工艺重新进行操作并进行评价。

| 任务名称 | | | 完成时间 | | | | min |
|---|---|---|---|---|---|---|---|
| 序号 | 工序名称 | 详细操作步骤 | 工具设备及材料 | 质量要求 | 完成效果评价 | | |
| | | | | | 自评 | 互评 | 师评 |
| 1 | | | | | | | |
| 2 | | | | | | | |
| 3 | | | | | | | |
| 4 | | | | | | | |
| 5 | | | | | | | |
| 6 | | | | | | | |
| 7 | | | | | | | |
| 8 | | | | | | | |
| 9 | | | | | | | |
| 10 | | | | | | | |
| | | | | 总评 | | | |

完成效果评价分为:A—优秀、B—良好、C—合格、D—不合格四个档次。

4.小组自检,无问题后提交作品。

5.小组间相互检查学习成果。

续上表

## 六、评价总结

1. 老师给我的评价：

2. 同学给我的评价：

3. 自我评价及学习小结：

## 七、评估

| 考评项目 | | 自我评估 | 小组互评 | 教师评估 | 备注 |
| --- | --- | --- | --- | --- | --- |
| 素质考评20分 | 劳动纪律10分 | | | | |
| | 环保意识10分 | | | | |
| 工单考评20分 | | | | | |
| 实操考评60分 | 工具使用5分 | | | | |
| | 任务方案10分 | | | | |
| | 实施过程30分 | | | | |
| | 完成情况15分 | | | | |
| | 其他 | | | | |
| 小计 | | | | | |
| 得分 | | | | | |

组长签字：　　　　　　教师签字：

汽车涂装工艺工作页

## 课题卡二  遮蔽

| 任务名称 | 遮蔽 | | | | | 学时 | |
| --- | --- | --- | --- | --- | --- | --- | --- |
| 姓名 | | 专业 | | 班级 | | 日期 | |

**一、任务描述**

1.任务目标：_____
_____。

2.任务要求：_____
_____。

**二、资料收集**

1.涂料是如何进行分类的？

2.涂料怎样命名？

3.涂料的干燥方法有哪些？

4.其他还需要补充的资料有哪些？

续上表

### 三、制订计划

1. 小组分工。

| 任务名称 | | | | | |
|---|---|---|---|---|---|
| 职位 | 岗位职责 | 担任职位 | 评价 | | |
| | | | 自评 | 互评 | 师评 |
| 组长 | 负责整个维修小组的管理、组织和实施 | | | | |
| 质检员 | 负责对工艺流程、安全生产、作业质量等方面进行监督和检查 | | | | |
| 讲解员 | 负责讲解本组的计划方案和计划实施 | | | | |
| 维修员 | 负责工具的使用、维护、整个工艺流程的操作实施 | | | | |

职位分为维修小组组长 1 人,质检员 1 人,讲解员 1 人,维修员 2 人,个人在所承担的职位栏里打"√";评价一栏按个人履行职责情况分为 A—优秀、B—良好、C—合格、D—不合格四个档次进行评价。

2. 分组后检查工件情况。

本小组的工位号是_____号,工件是_____,工件存在的缺陷(或问题)是:_____。

3. 讨论并制订工作计划。

| 序号 | 工作流程 | 所需要的工具、设备及材料 | 质量要求 | 工时 | 备注 |
|---|---|---|---|---|---|
| | | | | | |
| | | | | | |
| | | | | | |
| | | | | | |
| | | | | | |

4. 方案检查。

有无重大缺陷或存在不安全因素:□有    □无

如果有重大缺陷或存在不安全因素需返回重新讨论并修改,直至教师签字认可。

教师意见:_____教师签字:_____

续上表

**四、计划实施**

1. 按方案执行计划。
2. 记录自己存在的问题并查找解决方法。

| 序号 | 存在的问题或老师指导的问题 | 存在问题的原因及解决方法 | 老师的回答 |
| --- | --- | --- | --- |
| 1 | | | |
| 2 | | | |
| 3 | | | |
| 4 | | | |
| 5 | | | |
| 6 | | | |
| 7 | | | |
| 8 | | | |
| 9 | | | |
| 10 | | | |

**五、检验控制**

1. 师生共同检查完成效果，对存在的问题寻求解决方法，并记录在上表。
2. 教师进行操作演示，学生观看演示并记录操作要点。

续上表

3.修改及完善工作计划,按规范工艺重新进行操作并进行评价。

| 任务名称 | | | 完成时间 | | | | min |
|---|---|---|---|---|---|---|---|
| 序号 | 工序名称 | 详细操作步骤 | 工具设备及材料 | 质量要求 | 完成效果评价 | | |
| | | | | | 自评 | 互评 | 师评 |
| 1 | | | | | | | |
| 2 | | | | | | | |
| 3 | | | | | | | |
| 4 | | | | | | | |
| 5 | | | | | | | |
| 6 | | | | | | | |
| 7 | | | | | | | |
| 8 | | | | | | | |
| 9 | | | | | | | |
| 10 | | | | | | | |
| | | | | | 总评 | | |

完成效果评价分为:A—优秀、B—良好、C—合格、D—不合格四个档次。

4.小组自检,无问题后提交作品。

5.小组间相互检查学习成果。

续上表

### 六、评价总结

1. 老师给我的评价：

2. 同学给我的评价：

3. 自我评价及学习小结：

### 七、评估

| 考评项目 | | 自我评估 | 小组互评 | 教师评估 | 备注 |
| --- | --- | --- | --- | --- | --- |
| 素质考评20分 | 劳动纪律10分 | | | | |
| | 环保意识10分 | | | | |
| 工单考评20分 | | | | | |
| 实操考评60分 | 工具使用5分 | | | | |
| | 任务方案10分 | | | | |
| | 实施过程30分 | | | | |
| | 完成情况15分 | | | | |
| | 其他 | | | | |
| 小计 | | | | | |
| 得分 | | | | | |

组长签字： 　　　　　教师签字：

学习任务三　底漆的涂装

## 课题卡三　底漆的调配与喷涂

| 任务名称 | 底漆的调配与喷涂 | | | | 学时 | |
|---|---|---|---|---|---|---|
| 姓名 | | 专业 | | 班级 | 日期 | |

**一、任务描述**

1. 任务目标：_____
_____。

2. 任务要求：_____
_____。

**二、资料收集**

1. 什么是底漆？底漆的作用是什么？

2. 汽车用底漆应具备哪些性能？

3. 常用的汽车修补底漆有哪些？各有什么特点？

4. 其他还需要补充的资料有哪些？

续上表

### 三、制订计划

1. 小组分工。

| 任务名称 | | | | | |
|---|---|---|---|---|---|
| 职位 | 岗位职责 | 担任职位 | 评价 | | |
| | | | 自评 | 互评 | 师评 |
| 组长 | 负责整个维修小组的管理、组织和实施 | | | | |
| 质检员 | 负责对工艺流程、安全生产、作业质量等方面进行监督和检查 | | | | |
| 讲解员 | 负责讲解本组的计划方案和计划实施 | | | | |
| 维修员 | 负责工具的使用、维护、整个工艺流程的操作实施 | | | | |
| 职位分为维修小组组长1人、质检员1人、讲解员1人、维修员2人，个人在所承担的职位栏里打"√"；评价一栏按个人履行职责情况分为A—优秀、B—良好、C—合格、D—不合格四个档次进行评价。 | | | | | |

2. 分组后检查工件情况。

本小组的工位号是_____号，工件是_____，工件存在的缺陷（或问题）是：
_____。

3. 讨论并制订工作计划。

| 序号 | 工作流程 | 所需要的工具、设备及材料 | 质量要求 | 工时 | 备注 |
|---|---|---|---|---|---|
| | | | | | |
| | | | | | |
| | | | | | |
| | | | | | |
| | | | | | |

4. 方案检查。

有无重大缺陷或存在不安全因素：□有　　□无

如果有重大缺陷或存在不安全因素需返回重新讨论并修改，直至教师签字认可。

教师意见：_____教师签字：_____

续上表

### 四、计划实施

1. 按方案执行计划。
2. 记录自己存在的问题并查找解决方法。

| 序号 | 存在的问题或老师指导的问题 | 存在问题的原因及解决方法 | 老师的回答 |
| --- | --- | --- | --- |
| 1 | | | |
| 2 | | | |
| 3 | | | |
| 4 | | | |
| 5 | | | |
| 6 | | | |
| 7 | | | |
| 8 | | | |
| 9 | | | |
| 10 | | | |

### 五、检验控制

1. 师生共同检查完成效果,对存在的问题寻求解决方法,并记录在上表。
2. 教师进行操作演示,学生观看演示并记录操作要点。

续上表

3. 修改及完善工作计划，按规范工艺重新进行操作并进行评价。

| 任务名称 | | | 完成时间 | | | min | |
|---|---|---|---|---|---|---|---|
| 序号 | 工序名称 | 详细操作步骤 | 工具设备及材料 | 质量要求 | 完成效果评价 | | |
| | | | | | 自评 | 互评 | 师评 |
| 1 | | | | | | | |
| 2 | | | | | | | |
| 3 | | | | | | | |
| 4 | | | | | | | |
| 5 | | | | | | | |
| 6 | | | | | | | |
| 7 | | | | | | | |
| 8 | | | | | | | |
| 9 | | | | | | | |
| 10 | | | | | | | |
| | | | | 总评 | | | |

完成效果评价分为：A—优秀、B—良好、C—合格、D—不合格四个档次。

4. 小组自检，无问题后提交作品。
5. 小组间相互检查学习成果。

续上表

### 六、评价总结

1. 老师给我的评价：

2. 同学给我的评价：

3. 自我评价及学习小结：

### 七、评估

| 考评项目 | | 自我评估 | 小组互评 | 教师评估 | 备注 |
|---|---|---|---|---|---|
| 素质考评20分 | 劳动纪律10分 | | | | |
| | 环保意识10分 | | | | |
| 工单考评20分 | | | | | |
| 实操考评60分 | 工具使用5分 | | | | |
| | 任务方案10分 | | | | |
| | 实施过程30分 | | | | |
| | 完成情况15分 | | | | |
| | 其他 | | | | |
| 小计 | | | | | |
| 得分 | | | | | |

组长签字：　　　　　　　教师签字：

# 学习任务四

## 腻子的刮涂及打磨

### 课题卡一  腻子的刮涂

| 任务名称 | 腻子的刮涂 | | | | | 学时 | |
|---|---|---|---|---|---|---|---|
| 姓名 | | 专业 | | 班级 | | 日期 | |

**一、任务描述**

1. 任务目标：_____
   _____。

2. 任务要求：_____
   _____。

**二、资料收集**

1. 什么是腻子？腻子起什么作用？



2. 汽车上使用的腻子必须具备哪些性能？



3. 怎样调整腻子？



4. 其他还需要补充的资料有哪些？

续上表

### 三、制订计划

1. 小组分工。

| 任务名称 | | | | | | |
|---|---|---|---|---|---|---|
| 职位 | 岗位职责 | 担任职位 | 评价 | | |
| | | | 自评 | 互评 | 师评 |
| 组长 | 负责整个维修小组的管理、组织和实施 | | | | |
| 质检员 | 负责对工艺流程、安全生产、作业质量等方面进行监督和检查 | | | | |
| 讲解员 | 负责讲解本组的计划方案和计划实施 | | | | |
| 维修员 | 负责工具的使用、维护、整个工艺流程的操作实施 | | | | |
| 职位分为维修小组组长1人、质检员1人、讲解员1人、维修员2人，个人在所承担的职位栏里打"√"；评价一栏按个人履行职责情况分为A—优秀、B—良好、C—合格、D—不合格四个档次进行评价。 | | | | | |

2. 分组后检查工件情况。

本小组的工位号是_____号，工件是_____，工件存在的缺陷(或问题)是：_____
_____。

3. 讨论并制订工作计划。

| 序号 | 工作流程 | 所需要的工具、设备及材料 | 质量要求 | 工时 | 备注 |
|---|---|---|---|---|---|
| | | | | | |
| | | | | | |
| | | | | | |
| | | | | | |
| | | | | | |

4. 方案检查。

有无重大缺陷或存在不安全因素：□有　　□无

如果有重大缺陷或存在不安全因素需返回重新讨论并修改，直至教师签字认可。

教师意见：_____　教师签字：_____

续上表

### 四、计划实施

1. 按方案执行计划。
2. 记录自己存在的问题并查找解决方法。

| 序号 | 存在的问题或老师指导的问题 | 存在问题的原因及解决方法 | 老师的回答 |
| --- | --- | --- | --- |
| 1 | | | |
| 2 | | | |
| 3 | | | |
| 4 | | | |
| 5 | | | |
| 6 | | | |
| 7 | | | |
| 8 | | | |
| 9 | | | |
| 10 | | | |

### 五、检验控制

1. 师生共同检查完成效果,对存在的问题寻求解决方法,并记录在上表。
2. 教师进行操作演示,学生观看演示并记录操作要点。

## 学习任务四　腻子的刮涂及打磨

续上表

3.修改及完善工作计划,按规范工艺重新进行操作并进行评价。

| 任务名称 | | | 完成时间 | | | min | |
|---|---|---|---|---|---|---|---|
| 序号 | 工序名称 | 详细操作步骤 | 工具设备及材料 | 质量要求 | 完成效果评价 | | |
| | | | | | 自评 | 互评 | 师评 |
| 1 | | | | | | | |
| 2 | | | | | | | |
| 3 | | | | | | | |
| 4 | | | | | | | |
| 5 | | | | | | | |
| 6 | | | | | | | |
| 7 | | | | | | | |
| 8 | | | | | | | |
| 9 | | | | | | | |
| 10 | | | | | | | |
| | | | | 总评 | | | |

完成效果评价分为:A—优秀、B—良好、C—合格、D—不合格四个档次。

4.小组自检,无问题后提交作品。

5.小组间相互检查学习成果。

续上表

## 六、评价总结

1. 老师给我的评价：

2. 同学给我的评价：

3. 自我评价及学习小结：

## 七、评估

| 考评项目 | | 自我评估 | 小组互评 | 教师评估 | 备注 |
|---|---|---|---|---|---|
| 素质考评20分 | 劳动纪律10分 | | | | |
| | 环保意识10分 | | | | |
| 工单考评20分 | | | | | |
| 实操考评60分 | 工具使用5分 | | | | |
| | 任务方案10分 | | | | |
| | 实施过程30分 | | | | |
| | 完成情况15分 | | | | |
| | 其他 | | | | |
| 小计 | | | | | |
| 得分 | | | | | |

组长签字：　　　　　　　教师签字：

学习任务四　腻子的刮涂及打磨

## 课题卡二　腻子的打磨

| 任务名称 | 腻子的打磨 | | | | | 学时 | |
|---|---|---|---|---|---|---|---|
| 姓名 | | 专业 | | 班级 | | 日期 | |

**一、任务描述**

1.任务目标：_____
_____。

2.任务要求：_____
_____。

**二、资料收集**

1.现在常用的腻子有哪些？各有什么用途？

2.腻子怎样干燥？

3.怎样打磨腻子？

4.其他还需要补充的资料有哪些？

续上表

### 三、制订计划

1. 小组分工。

| 任务名称 | | | | | |
|---|---|---|---|---|---|
| 职位 | 岗位职责 | 担任职位 | 评价 | | |
| | | | 自评 | 互评 | 师评 |
| 组长 | 负责整个维修小组的管理、组织和实施 | | | | |
| 质检员 | 负责对工艺流程、安全生产、作业质量等方面进行监督和检查 | | | | |
| 讲解员 | 负责讲解本组的计划方案和计划实施 | | | | |
| 维修员 | 负责工具的使用、维护、整个工艺流程的操作实施 | | | | |

职位分为维修小组组长1人、质检员1人、讲解员1人、维修员2人，个人在所承担的职位栏里打"√"；评价一栏按个人履行职责情况分为A—优秀、B—良好、C—合格、D—不合格四个档次进行评价。

2. 分组后检查工件情况。

本小组的工位号是_____号，工件是_____，工件存在的缺陷(或问题)是：_____。

3. 讨论并制订工作计划。

| 序号 | 工作流程 | 所需要的工具、设备及材料 | 质量要求 | 工时 | 备注 |
|---|---|---|---|---|---|
| | | | | | |
| | | | | | |
| | | | | | |
| | | | | | |
| | | | | | |

4. 方案检查。

有无重大缺陷或存在不安全因素：□有　　□无

如果有重大缺陷或存在不安全因素需返回重新讨论并修改，直至教师签字认可。

教师意见：_____ 教师签字：_____

## 学习任务四 腻子的刮涂及打磨

续上表

**四、计划实施**

1. 按方案执行计划。
2. 记录自己存在的问题并查找解决方法。

| 序号 | 存在的问题或老师指导的问题 | 存在问题的原因及解决方法 | 老师的回答 |
| --- | --- | --- | --- |
| 1 | | | |
| 2 | | | |
| 3 | | | |
| 4 | | | |
| 5 | | | |
| 6 | | | |
| 7 | | | |
| 8 | | | |
| 9 | | | |
| 10 | | | |

**五、检验控制**

1. 师生共同检查完成效果,对存在的问题寻求解决方法,并记录在上表。
2. 教师进行操作演示,学生观看演示并记录操作要点。

续上表

3. 修改及完善工作计划,按规范工艺重新进行操作并进行评价。

| 任务名称 | | 完成时间 | | | | min |
|---|---|---|---|---|---|---|
| 序号 | 工序名称 | 详细操作步骤 | 工具设备及材料 | 质量要求 | 完成效果评价 | | |
| | | | | | 自评 | 互评 | 师评 |
| 1 | | | | | | | |
| 2 | | | | | | | |
| 3 | | | | | | | |
| 4 | | | | | | | |
| 5 | | | | | | | |
| 6 | | | | | | | |
| 7 | | | | | | | |
| 8 | | | | | | | |
| 9 | | | | | | | |
| 10 | | | | | | | |
| | | | | 总评 | | | |

完成效果评价分为:A—优秀、B—良好、C—合格、D—不合格四个档次。

4. 小组自检,无问题后提交作品。

5. 小组间相互检查学习成果。

续上表

**六、评价总结**

1. 老师给我的评价：

2. 同学给我的评价：

3. 自我评价及学习小结：

**七、评估**

| 考评项目 | | 自我评估 | 小组互评 | 教师评估 | 备注 |
| --- | --- | --- | --- | --- | --- |
| 素质考评20分 | 劳动纪律10分 | | | | |
| | 环保意识10分 | | | | |
| 工单考评20分 | | | | | |
| 实操考评60分 | 工具使用5分 | | | | |
| | 任务方案10分 | | | | |
| | 实施过程30分 | | | | |
| | 完成情况15分 | | | | |
| | 其他 | | | | |
| 小计 | | | | | |
| 得分 | | | | | |

组长签字：　　　　　　　教师签字：

# 学习任务五

## 中涂底漆的涂装

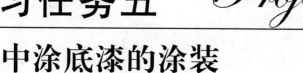 

### 课题卡一  中涂底漆的喷涂

| 任务名称 | 中涂底漆的喷涂 | | | | | 学时 | |
|---|---|---|---|---|---|---|---|
| 姓名 | | 专业 | | 班级 | | 日期 | |

**一、任务描述**

1. 任务目标：_____
_____。

2. 任务要求：_____
_____。

**二、资料收集**

1. 什么是中涂底漆？中涂底漆的作用是什么？

2. 汽车用中涂底漆应具备哪些性能？

3. 常用的汽车修补涂装用中涂底漆有哪些？各有什么特点？

4. 其他还需要补充的资料有哪些？

续上表

### 三、制订计划

1. 小组分工。

| 任务名称 | | | | 评价 | | |
|---|---|---|---|---|---|---|
| 职位 | 岗位职责 | 担任职位 | 自评 | 互评 | 师评 |
| 组长 | 负责整个维修小组的管理、组织和实施 | | | | |
| 质检员 | 负责对工艺流程、安全生产、作业质量等方面进行监督和检查 | | | | |
| 讲解员 | 负责讲解本组的计划方案和计划实施 | | | | |
| 维修员 | 负责工具的使用、维护、整个工艺流程的操作实施 | | | | |

职位分为维修小组组长1人、质检员1人、讲解员1人、维修员2人,个人在所承担的职位栏里打"√";评价一栏按个人履行职责情况分为 A—优秀、B—良好、C—合格、D—不合格四个档次进行评价。

2. 分组后检查工件情况。

本小组的工位号是_____号,工件是_____,工件存在的缺陷(或问题)是:_____。

3. 讨论并制订工作计划。

| 序号 | 工作流程 | 所需要的工具、设备及材料 | 质量要求 | 工时 | 备注 |
|---|---|---|---|---|---|
| | | | | | |
| | | | | | |
| | | | | | |
| | | | | | |

4. 方案检查。

有无重大缺陷或存在不安全因素:□有　　□无

如果有重大缺陷或存在不安全因素需返回重新讨论并修改,直至教师签字认可。

教师意见:_____　教师签字:_____

续上表

## 四、计划实施

1. 按方案执行计划。
2. 记录自己存在的问题并查找解决方法。

| 序号 | 存在的问题或老师指导的问题 | 存在问题的原因及解决方法 | 老师的回答 |
| --- | --- | --- | --- |
| 1 | | | |
| 2 | | | |
| 3 | | | |
| 4 | | | |
| 5 | | | |
| 6 | | | |
| 7 | | | |
| 8 | | | |
| 9 | | | |
| 10 | | | |

## 五、检验控制

1. 师生共同检查完成效果,对存在的问题寻求解决方法,并记录在上表。
2. 教师进行操作演示,学生观看演示并记录操作要点。

## 学习任务五　中涂底漆的涂装

续上表

3. 修改及完善工作计划,按规范工艺重新进行操作并进行评价。

| 任务名称 | | | 完成时间 | | | min |
|---|---|---|---|---|---|---|
| 序号 | 工序名称 | 详细操作步骤 | 工具设备及材料 | 质量要求 | 完成效果评价 | | |
| | | | | | 自评 | 互评 | 师评 |
| 1 | | | | | | | |
| 2 | | | | | | | |
| 3 | | | | | | | |
| 4 | | | | | | | |
| 5 | | | | | | | |
| 6 | | | | | | | |
| 7 | | | | | | | |
| 8 | | | | | | | |
| 9 | | | | | | | |
| 10 | | | | | | | |
| | | | | 总评 | | | |

完成效果评价分为:A—优秀、B—良好、C—合格、D—不合格四个档次。

4. 小组自检,无问题后提交作品。
5. 小组间相互检查学习成果。

续上表

**六、评价总结**

1. 老师给我的评价：

2. 同学给我的评价：

3. 自我评价及学习小结：

**七、评估**

| 考评项目 | | 自我评估 | 小组互评 | 教师评估 | 备注 |
| --- | --- | --- | --- | --- | --- |
| 素质考评20分 | 劳动纪律10分 | | | | |
| | 环保意识10分 | | | | |
| 工单考评20分 | | | | | |
| 实操考评60分 | 工具使用5分 | | | | |
| | 任务方案10分 | | | | |
| | 实施过程30分 | | | | |
| | 完成情况15分 | | | | |
| | 其他 | | | | |
| 小计 | | | | | |
| 得分 | | | | | |

组长签字： 教师签字：

学习任务五　中涂底漆的涂装

## 课题卡二　中涂底漆的打磨与修整

| 任务名称 | 中涂底漆的打磨与修整 | | | | | 学时 | |
|---|---|---|---|---|---|---|---|
| 姓名 | | 专业 | | 班级 | | 日期 | |

**一、任务描述**

1. 任务目标：_____。

2. 任务要求：_____。

**二、资料收集**

1. 涂料存放和保管时要注意什么？

2. 常用空气压缩机有哪些特点及用途？

3. 汽车喷漆烤漆房有什么作用？工作原理是怎样的？

4. 其他还需要补充的资料有哪些？

续上表

### 三、制订计划

1. 小组分工。

| 任务名称 | | | | | | |
|---|---|---|---|---|---|---|
| 职位 | 岗位职责 | 担任职位 | 评价 | | | |
| | | | 自评 | 互评 | 师评 | |
| 组长 | 负责整个维修小组的管理、组织和实施 | | | | | |
| 质检员 | 负责对工艺流程、安全生产、作业质量等方面进行监督和检查 | | | | | |
| 讲解员 | 负责讲解本组的计划方案和计划实施 | | | | | |
| 维修员 | 负责工具的使用、维护、整个工艺流程的操作实施 | | | | | |

职位分为维修小组组长 1 人、质检员 1 人、讲解员 1 人、维修员 2 人，个人在所承担的职位栏里打"√"；评价一栏按个人履行职责情况分为 A—优秀、B—良好、C—合格、D—不合格四个档次进行评价。

2. 分组后检查工件情况。

本小组的工位号是_____号，工件是_____，工件存在的缺陷（或问题）是：_____。

3. 讨论并制订工作计划。

| 序号 | 工作流程 | 所需要的工具、设备及材料 | 质量要求 | 工时 | 备注 |
|---|---|---|---|---|---|
| | | | | | |
| | | | | | |
| | | | | | |
| | | | | | |
| | | | | | |

4. 方案检查。

有无重大缺陷或存在不安全因素：□有　　□无

如果有重大缺陷或存在不安全因素需返回重新讨论并修改，直至教师签字认可。

教师意见：_____教师签字：_____

## 四、计划实施

1. 按方案执行计划。
2. 记录自己存在的问题并查找解决方法。

| 序号 | 存在的问题或老师指导的问题 | 存在问题的原因及解决方法 | 老师的回答 |
| --- | --- | --- | --- |
| 1 | | | |
| 2 | | | |
| 3 | | | |
| 4 | | | |
| 5 | | | |
| 6 | | | |
| 7 | | | |
| 8 | | | |
| 9 | | | |
| 10 | | | |

## 五、检验控制

1. 师生共同检查完成效果,对存在的问题寻求解决方法,并记录在上表。
2. 教师进行操作演示,学生观看演示并记录操作要点。

续上表

3.修改及完善工作计划,按规范工艺重新进行操作并进行评价。

| 任务名称 | | | 完成时间 | | | | min |
|---|---|---|---|---|---|---|---|
| 序号 | 工序名称 | 详细操作步骤 | 工具设备及材料 | 质量要求 | 完成效果评价 | | |
| | | | | | 自评 | 互评 | 师评 |
| 1 | | | | | | | |
| 2 | | | | | | | |
| 3 | | | | | | | |
| 4 | | | | | | | |
| 5 | | | | | | | |
| 6 | | | | | | | |
| 7 | | | | | | | |
| 8 | | | | | | | |
| 9 | | | | | | | |
| 10 | | | | | | | |
| | | | | 总评 | | | |

完成效果评价分为:A—优秀、B—良好、C—合格、D—不合格四个档次。

4.小组自检,无问题后提交作品。

5.小组间相互检查学习成果。

续上表

### 六、评价总结

1. 老师给我的评价：

2. 同学给我的评价：

3. 自我评价及学习小结：

### 七、评估

| 考评项目 | | 自我评估 | 小组互评 | 教师评估 | 备注 |
| --- | --- | --- | --- | --- | --- |
| 素质考评20分 | 劳动纪律10分 | | | | |
| | 环保意识10分 | | | | |
| 工单考评20分 | | | | | |
| 实操考评60分 | 工具使用5分 | | | | |
| | 任务方案10分 | | | | |
| | 实施过程30分 | | | | |
| | 完成情况15分 | | | | |
| | 其他 | | | | |
| 小计 | | | | | |
| 得分 | | | | | |

组长签字：　　　　　教师签字：

# 学习任务六
## 面漆的调色

### 课题卡一　电脑调色

| 任务名称 | 电脑调色 | | | | | 学时 | |
|---|---|---|---|---|---|---|---|
| 姓名 | | 专业 | | 班级 | | 日期 | |

**一、任务描述**

1.任务目标：_____
_____。

2.任务要求：_____
_____。

**二、资料收集**

1.汽车面漆如何分类？

2.常见的调色方法有哪些？

3.颜色有哪些属性？如何表示？

4.其他还需要补充的资料有哪些？

## 学习任务六 面漆的调色

续上表

**三、制订计划**

1. 小组分工。

| 任务名称 | | | | |
|---|---|---|---|---|
| 职位 | 岗位职责 | 担任职位 | 评价 | |
| | | | 自评 | 互评 | 师评 |
| 组长 | 负责整个维修小组的管理、组织和实施 | | | | |
| 质检员 | 负责对工艺流程、安全生产、作业质量等方面进行监督和检查 | | | | |
| 讲解员 | 负责讲解本组的计划方案和计划实施 | | | | |
| 维修员 | 负责工具的使用、维护、整个工艺流程的操作实施 | | | | |

职位分为维修小组组长1人、质检员1人、讲解员1人、维修员2人,个人在所承担的职位栏里打"√";评价一栏按个人履行职责情况分为 A—优秀、B—良好、C—合格、D—不合格四个档次进行评价。

2. 分组后检查工件情况。

本小组的工位号是_____号,工件是_____,工件存在的缺陷(或问题)是:_____。

3. 讨论并制订工作计划。

| 序号 | 工作流程 | 所需要的工具、设备及材料 | 质量要求 | 工时 | 备注 |
|---|---|---|---|---|---|
| | | | | | |
| | | | | | |
| | | | | | |
| | | | | | |
| | | | | | |

4. 方案检查。

有无重大缺陷或存在不安全因素:□有　　□无

如果有重大缺陷或不安全因素需返回重新讨论并修改,直至教师签字认可。

教师意见:_____教师签字:_____

续上表

### 四、计划实施

1. 按方案执行计划。
2. 记录自己存在的问题并查找解决方法。

| 序号 | 存在的问题或老师指导的问题 | 存在问题的原因及解决方法 | 老师的回答 |
| --- | --- | --- | --- |
| 1 | | | |
| 2 | | | |
| 3 | | | |
| 4 | | | |
| 5 | | | |
| 6 | | | |
| 7 | | | |
| 8 | | | |
| 9 | | | |
| 10 | | | |

### 五、检验控制

1. 师生共同检查完成效果,对存在的问题寻求解决方法,并记录在上表。
2. 教师进行操作演示,学生观看演示并记录操作要点。

## 学习任务六　面漆的调色

续上表

3.修改及完善工作计划,按规范工艺重新进行操作并进行评价。

| 任务名称 | | | 完成时间 | | | | min |
|---|---|---|---|---|---|---|---|
| 序号 | 工序名称 | 详细操作步骤 | 工具设备及材料 | 质量要求 | 完成效果评价 | | |
| | | | | | 自评 | 互评 | 师评 |
| 1 | | | | | | | |
| 2 | | | | | | | |
| 3 | | | | | | | |
| 4 | | | | | | | |
| 5 | | | | | | | |
| 6 | | | | | | | |
| 7 | | | | | | | |
| 8 | | | | | | | |
| 9 | | | | | | | |
| 10 | | | | | | | |
| | | | | 总评 | | | |

完成效果评价分为:A—优秀、B—良好、C—合格、D—不合格四个档次。

4.小组自检,无问题后提交作品。

5.小组间相互检查学习成果。

续上表

## 六、评价总结

1. 老师给我的评价：

2. 同学给我的评价：

3. 自我评价及学习小结：

## 七、评估

| 考评项目 | | 自我评估 | 小组互评 | 教师评估 | 备注 |
|---|---|---|---|---|---|
| 素质考评20分 | 劳动纪律10分 | | | | |
| | 环保意识10分 | | | | |
| 工单考评20分 | | | | | |
| 实操考评60分 | 工具使用5分 | | | | |
| | 任务方案10分 | | | | |
| | 实施过程30分 | | | | |
| | 完成情况15分 | | | | |
| | 其他 | | | | |
| 小计 | | | | | |
| 得分 | | | | | |

组长签字：　　　　　　教师签字：

学习任务六　面漆的调色

## 课题卡二　人工调微

| 任务名称 | 人工微调 | | | | | 学时 | |
| --- | --- | --- | --- | --- | --- | --- | --- |
| 姓名 | | 专业 | | 班级 | | 日期 | |

**一、任务描述**

1. 任务目标：_____
   _____。

2. 任务要求：_____
   _____。

**二、资料收集**

1. 调漆机有什么作用？平时应做些什么？

2. 色母挂图有什么作用？

3. 配色灯箱有什么作用？

4. 其他还需要补充的资料有哪些？

66

续上表

### 三、制订计划

1. 小组分工。

| 任务名称 | | | | | |
|---|---|---|---|---|---|
| 职位 | 岗位职责 | 担任职位 | 评价 | | |
| | | | 自评 | 互评 | 师评 |
| 组长 | 负责整个维修小组的管理、组织和实施 | | | | |
| 质检员 | 负责对工艺流程、安全生产、作业质量等方面进行监督和检查 | | | | |
| 讲解员 | 负责讲解本组的计划方案和计划实施 | | | | |
| 维修员 | 负责工具的使用、维护、整个工艺流程的操作实施 | | | | |

职位分为维修小组组长1人、质检员1人、讲解员1人、维修员2人，个人在所承担的职位栏里打"√"；评价一栏按个人履行职责情况分为A—优秀、B—良好、C—合格、D—不合格四个档次进行评价。

2. 分组后检查工件情况。

本小组的工位号是_____号，工件是_____，工件存在的缺陷（或问题）是：_____
_____。

3. 讨论并制订工作计划。

| 序号 | 工作流程 | 所需要的工具、设备及材料 | 质量要求 | 工时 | 备注 |
|---|---|---|---|---|---|
| | | | | | |
| | | | | | |
| | | | | | |
| | | | | | |
| | | | | | |

4. 方案检查。

有无重大缺陷或存在不安全因素：□有　　□无

如果有重大缺陷或存在不安全因素需返回重新讨论并修改，直至教师签字认可。

教师意见：_____　教师签字：_____

## 学习任务六　面漆的调色

续上表

**四、计划实施**

1. 按方案执行计划。
2. 记录自己存在的问题并查找解决方法。

| 序号 | 存在的问题或老师指导的问题 | 存在问题的原因及解决方法 | 老师的回答 |
| --- | --- | --- | --- |
| 1 | | | |
| 2 | | | |
| 3 | | | |
| 4 | | | |
| 5 | | | |
| 6 | | | |
| 7 | | | |
| 8 | | | |
| 9 | | | |
| 10 | | | |

**五、检验控制**

1. 师生共同检查完成效果,对存在的问题寻求解决方法,并记录在上表。
2. 教师进行操作演示,学生观看演示并记录操作要点。

续上表

3. 修改及完善工作计划,按规范工艺重新进行操作并进行评价。

| 任务名称 | | | 完成时间 | | | min |
|---|---|---|---|---|---|---|
| 序号 | 工序名称 | 详细操作步骤 | 工具设备及材料 | 质量要求 | 完成效果评价 | | |
| | | | | | 自评 | 互评 | 师评 |
| 1 | | | | | | | |
| 2 | | | | | | | |
| 3 | | | | | | | |
| 4 | | | | | | | |
| 5 | | | | | | | |
| 6 | | | | | | | |
| 7 | | | | | | | |
| 8 | | | | | | | |
| 9 | | | | | | | |
| 10 | | | | | | | |
| | | | | 总评 | | | |

完成效果评价分为:A—优秀、B—良好、C—合格、D—不合格四个档次。

4. 小组自检,无问题后提交作品。
5. 小组间相互检查学习成果。

续上表

**六、评价总结**

1. 老师给我的评价：

2. 同学给我的评价：

3. 自我评价及学习小结：

**七、评估**

| 考评项目 | | 自我评估 | 小组互评 | 教师评估 | 备注 |
| --- | --- | --- | --- | --- | --- |
| 素质考评20分 | 劳动纪律10分 | | | | |
| | 环保意识10分 | | | | |
| 工单考评20分 | | | | | |
| 实操考评60分 | 工具使用5分 | | | | |
| | 任务方案10分 | | | | |
| | 实施过程30分 | | | | |
| | 完成情况15分 | | | | |
| | 其他 | | | | |
| 小计 | | | | | |
| 得分 | | | | | |

组长签字：　　　　　　　教师签字：

# 学习任务七
## 面漆的涂装

### 课题卡一　单工序面漆的涂装

| 任务名称 | 单工序面漆的涂装 | | | 学时 | |
|---|---|---|---|---|---|
| 姓名 | | 专业 | 班级 | 日期 | |

**一、任务描述**

1. 任务目标：_____。

2. 任务要求：_____。

**二、资料收集**

1. 面漆的作用是什么？汽车用面漆要具备哪些性能？

2. 现在常用的汽车修补面漆有哪些？各有什么特点？

3. 什么是单工序面漆？什么是双工序面漆？

4. 其他还需要补充的资料有哪些？

续上表

### 三、制订计划

1. 小组分工。

| 任务名称 | | | | | |
|---|---|---|---|---|---|
| 职位 | 岗位职责 | 担任职位 | 评价 | | |
| | | | 自评 | 互评 | 师评 |
| 组长 | 负责整个维修小组的管理、组织和实施 | | | | |
| 质检员 | 负责对工艺流程、安全生产、作业质量等方面进行监督和检查 | | | | |
| 讲解员 | 负责讲解本组的计划方案和计划实施 | | | | |
| 维修员 | 负责工具的使用、维护、整个工艺流程的操作实施 | | | | |

职位分为维修小组组长1人、质检员1人、讲解员1人、维修员2人，个人在所承担的职位栏里打"√"；评价一栏按个人履行职责情况分为 A—优秀、B—良好、C—合格、D—不合格四个档次进行评价。

2. 分组后检查工件情况。

本小组的工位号是_____号，工件是_____，工件存在的缺陷（或问题）是：_____。

3. 讨论并制订工作计划。

| 序号 | 工作流程 | 所需要的工具、设备及材料 | 质量要求 | 工时 | 备注 |
|---|---|---|---|---|---|
| | | | | | |
| | | | | | |
| | | | | | |
| | | | | | |
| | | | | | |
| | | | | | |

4. 方案检查。

有无重大缺陷或存在不安全因素：□有　　□无

如果有重大缺陷或存在不安全因素需返回重新讨论并修改，直至教师签字认可。

教师意见：_____　教师签字：_____

续上表

### 四、计划实施

1. 按方案执行计划。
2. 记录自己存在的问题并查找解决方法。

| 序号 | 存在的问题或老师指导的问题 | 存在问题的原因及解决方法 | 老师的回答 |
| --- | --- | --- | --- |
| 1 | | | |
| 2 | | | |
| 3 | | | |
| 4 | | | |
| 5 | | | |
| 6 | | | |
| 7 | | | |
| 8 | | | |
| 9 | | | |
| 10 | | | |

### 五、检验控制

1. 师生共同检查完成效果,对存在的问题寻求解决方法,并记录在上表。
2. 教师进行操作演示,学生观看演示并记录操作要点。

续上表

3. 修改及完善工作计划,按规范工艺重新进行操作并进行评价。

| 任务名称 | | | 完成时间 | | min | | |
|---|---|---|---|---|---|---|---|
| 序号 | 工序名称 | 详细操作步骤 | 工具设备及材料 | 质量要求 | 完成效果评价 | | |
| | | | | | 自评 | 互评 | 师评 |
| 1 | | | | | | | |
| 2 | | | | | | | |
| 3 | | | | | | | |
| 4 | | | | | | | |
| 5 | | | | | | | |
| 6 | | | | | | | |
| 7 | | | | | | | |
| 8 | | | | | | | |
| 9 | | | | | | | |
| 10 | | | | | | | |
| | | | | 总评 | | | |

完成效果评价分为:A—优秀、B—良好、C—合格、D—不合格四个档次。

4. 小组自检,无问题后提交作品。

5. 小组间相互检查学习成果。

续上表

**六、评价总结**

1. 老师给我的评价：

2. 同学给我的评价：

3. 自我评价及学习小结：

**七、评估**

| 考评项目 | | 自我评估 | 小组互评 | 教师评估 | 备注 |
|---|---|---|---|---|---|
| 素质考评20分 | 劳动纪律10分 | | | | |
| | 环保意识10分 | | | | |
| 工单考评20分 | | | | | |
| 实操考评60分 | 工具使用5分 | | | | |
| | 任务方案10分 | | | | |
| | 实施过程30分 | | | | |
| | 完成情况15分 | | | | |
| | 其他 | | | | |
| 小计 | | | | | |
| 得分 | | | | | |

组长签字：　　　　　　　教师签字：

学习任务七 面漆的涂装

## 课题卡二 双工序面漆的涂装

| 任务名称 | 双工序面漆的涂装 | | | | | 学时 | |
|---|---|---|---|---|---|---|---|
| 姓名 | | 专业 | | 班级 | | 日期 | |

一、任务描述

1. 任务目标：_____
_____。

2. 任务要求：_____
_____。

二、资料收集

1. 汽车涂装的基本要点是什么？

2. 涂料选配时应考虑哪些方面？

3. 喷涂前要做好哪些清洁工作？

4. 其他还需要补充的资料有哪些？

续上表

### 三、制订计划

1. 小组分工。

| 任务名称 | | | | | |
|---|---|---|---|---|---|
| 职位 | 岗位职责 | 担任职位 | 评价 | | |
| | | | 自评 | 互评 | 师评 |
| 组长 | 负责整个维修小组的管理、组织和实施 | | | | |
| 质检员 | 负责对工艺流程、安全生产、作业质量等方面进行监督和检查 | | | | |
| 讲解员 | 负责讲解本组的计划方案和计划实施 | | | | |
| 维修员 | 负责工具的使用、维护、整个工艺流程的操作实施 | | | | |

职位分为维修小组组长1人、质检员1人、讲解员1人、维修员2人，个人在所承担的职位栏里打"√"；评价一栏按个人履行职责情况分为 A—优秀、B—良好、C—合格、D—不合格四个档次进行评价。

2. 分组后检查工件情况。

本小组的工位号是_____号，工件是_____，工件存在的缺陷(或问题)是：_____
_____。

3. 讨论并制订工作计划。

| 序号 | 工作流程 | 所需要的工具、设备及材料 | 质量要求 | 工时 | 备注 |
|---|---|---|---|---|---|
| | | | | | |
| | | | | | |
| | | | | | |
| | | | | | |
| | | | | | |

4. 方案检查。

有无重大缺陷或存在不安全因素：□有　　□无

如果有重大缺陷或存在不安全因素需返回重新讨论并修改，直至教师签字认可。

教师意见：_____ 教师签字：_____

## 学习任务七 面漆的涂装

续上表

**四、计划实施**

1. 按方案执行计划。
2. 记录自己存在的问题并查找解决方法。

| 序号 | 存在的问题或老师指导的问题 | 存在问题的原因及解决方法 | 老师的回答 |
| --- | --- | --- | --- |
| 1 | | | |
| 2 | | | |
| 3 | | | |
| 4 | | | |
| 5 | | | |
| 6 | | | |
| 7 | | | |
| 8 | | | |
| 9 | | | |
| 10 | | | |

**五、检验控制**

1. 师生共同检查完成效果,对存在的问题寻求解决方法,并记录在上表。
2. 教师进行操作演示,学生观看演示并记录操作要点。

续上表

3. 修改及完善工作计划,按规范工艺重新进行操作并进行评价。

| 任务名称 | | | 完成时间 | | min | | |
|---|---|---|---|---|---|---|---|
| 序号 | 工序名称 | 详细操作步骤 | 工具设备及材料 | 质量要求 | 完成效果评价 | | |
| | | | | | 自评 | 互评 | 师评 |
| 1 | | | | | | | |
| 2 | | | | | | | |
| 3 | | | | | | | |
| 4 | | | | | | | |
| 5 | | | | | | | |
| 6 | | | | | | | |
| 7 | | | | | | | |
| 8 | | | | | | | |
| 9 | | | | | | | |
| 10 | | | | | 总评 | | |

完成效果评价分为:A—优秀、B—良好、C—合格、D—不合格四个档次。

4. 小组自检,无问题后提交作品。
5. 小组间相互检查学习成果。

续上表

### 六、评价总结

1. 老师给我的评价：

2. 同学给我的评价：

3. 自我评价及学习小结：

### 七、评估

| 考评项目 | | 自我评估 | 小组互评 | 教师评估 | 备注 |
| --- | --- | --- | --- | --- | --- |
| 素质考评20分 | 劳动纪律10分 | | | | |
| | 环保意识10分 | | | | |
| 工单考评20分 | | | | | |
| 实操考评60分 | 工具使用5分 | | | | |
| | 任务方案10分 | | | | |
| | 实施过程30分 | | | | |
| | 完成情况15分 | | | | |
| | 其他 | | | | |
| 小计 | | | | | |
| 得分 | | | | | |

组长签字：　　　　　　教师签字：

# 学习任务八
## 面漆的修整

### 课题卡一　抛光打蜡

| 任务名称 | 抛光打蜡 | | | | | 学时 | |
|---|---|---|---|---|---|---|---|
| 姓名 | | 专业 | | 班级 | | 日期 | |

**一、任务描述**

1. 任务目标：_____
_____。

2. 任务要求：_____
_____。

**二、资料收集**

1. 抛光有什么作用？

2. 打蜡有什么作用？

3. 抛光时应注意什么？

4. 其他还需要补充的资料有哪些？

续上表

### 三、制订计划

1. 小组分工。

| 任务名称 | | | | | |
|---|---|---|---|---|---|
| 职位 | 岗位职责 | 担任职位 | 评价 | | |
| | | | 自评 | 互评 | 师评 |
| 组长 | 负责整个维修小组的管理、组织和实施 | | | | |
| 质检员 | 负责对工艺流程、安全生产、作业质量等方面进行监督和检查 | | | | |
| 讲解员 | 负责讲解本组的计划方案和计划实施 | | | | |
| 维修员 | 负责工具的使用、维护、整个工艺流程的操作实施 | | | | |

职位分为维修小组组长 1 人、质检员 1 人、讲解员 1 人、维修员 2 人，个人在所承担的职位栏里打"√"；评价一栏按个人履行职责情况分为 A—优秀、B—良好、C—合格、D—不合格四个档次进行评价。

2. 分组后检查工件情况。

本小组的工位号是_____号，工件是_____，工件存在的缺陷(或问题)是：_____
_____。

3. 讨论并制订工作计划。

| 序号 | 工作流程 | 所需要的工具、设备及材料 | 质量要求 | 工时 | 备注 |
|---|---|---|---|---|---|
| | | | | | |
| | | | | | |
| | | | | | |
| | | | | | |
| | | | | | |

4. 方案检查。

有无重大缺陷或存在不安全因素：□有　　□无

如果有重大缺陷或存在不安全因素需返回重新讨论并修改，直至教师签字认可。

教师意见：_____教师签字：_____

续上表

**四、计划实施**

1. 按方案执行计划。
2. 记录自己存在的问题并查找解决方法。

| 序号 | 存在的问题或老师指导的问题 | 存在问题的原因及解决方法 | 老师的回答 |
| --- | --- | --- | --- |
| 1 | | | |
| 2 | | | |
| 3 | | | |
| 4 | | | |
| 5 | | | |
| 6 | | | |
| 7 | | | |
| 8 | | | |
| 9 | | | |
| 10 | | | |

**五、检验控制**

1. 师生共同检查完成效果,对存在的问题寻求解决方法,并记录在上表。
2. 教师进行操作演示,学生观看演示并记录操作要点。

## 学习任务八 面漆的修整

续上表

3. 修改及完善工作计划,按规范工艺重新进行操作并进行评价。

| 任务名称 | | | 完成时间 | | | min | |
|---|---|---|---|---|---|---|---|
| 序号 | 工序名称 | 详细操作步骤 | 工具设备及材料 | 质量要求 | 完成效果评价 | | |
| | | | | | 自评 | 互评 | 师评 |
| 1 | | | | | | | |
| 2 | | | | | | | |
| 3 | | | | | | | |
| 4 | | | | | | | |
| 5 | | | | | | | |
| 6 | | | | | | | |
| 7 | | | | | | | |
| 8 | | | | | | | |
| 9 | | | | | | | |
| 10 | | | | | | | |
| | | | | 总评 | | | |

完成效果评价分为:A—优秀、B—良好、C—合格、D—不合格四个档次。

4. 小组自检,无问题后提交作品。

5. 小组间相互检查学习成果。

续上表

## 六、评价总结

1. 老师给我的评价：

2. 同学给我的评价：

3. 自我评价及学习小结：

## 七、评估

| 考评项目 | | 自我评估 | 小组互评 | 教师评估 | 备注 |
|---|---|---|---|---|---|
| 素质考评20分 | 劳动纪律10分 | | | | |
| | 环保意识10分 | | | | |
| 工单考评20分 | | | | | |
| 实操考评60分 | 工具使用5分 | | | | |
| | 任务方案10分 | | | | |
| | 实施过程30分 | | | | |
| | 完成情况15分 | | | | |
| | 其他 | | | | |
| 小计 | | | | | |
| 得分 | | | | | |

组长签字： 教师签字：

# 学习任务八　面漆的修整

## 课题卡二　常见面漆缺陷的处理

| 任务名称 | 常见面漆缺陷的处理 | | | 学时 | |
|---|---|---|---|---|---|
| 姓名 | | 专业 | 班级 | 日期 | |

**一、任务描述**

1. 任务目标：_____
_____。

2. 任务要求：_____
_____。

**二、资料收集**

1. 什么是鱼眼？它产生的原因是什么？如何预防和处理？

2. 什么是咬底？它产生的原因是什么？如何处理？

3. 什么是起痱子？它产生的原因是什么？如何处理？

4. 其他还需要补充的资料有哪些？

续上表

### 三、制订计划

1. 小组分工。

| 任务名称 | | | | | |
|---|---|---|---|---|---|
| 职位 | 岗位职责 | 担任职位 | 评价 | | |
| | | | 自评 | 互评 | 师评 |
| 组长 | 负责整个维修小组的管理、组织和实施 | | | | |
| 质检员 | 负责对工艺流程、安全生产、作业质量等方面进行监督和检查 | | | | |
| 讲解员 | 负责讲解本组的计划方案和计划实施 | | | | |
| 维修员 | 负责工具的使用、维护、整个工艺流程的操作实施 | | | | |

职位分为维修小组组长 1 人、质检员 1 人、讲解员 1 人、维修员 2 人，个人在所承担的职位栏里打"√"；评价一栏按个人履行职责情况分为 A—优秀、B—良好、C—合格、D—不合格四个档次进行评价。

2. 分组后检查工件情况。

本小组的工位号是_____号,工件是_____,工件存在的缺陷(或问题)是：_____。

3. 讨论并制订工作计划。

| 序号 | 工作流程 | 所需要的工具、设备及材料 | 质量要求 | 工时 | 备注 |
|---|---|---|---|---|---|
| | | | | | |
| | | | | | |
| | | | | | |
| | | | | | |
| | | | | | |

4. 方案检查。

有无重大缺陷或存在不安全因素：□有　　□无

如果有重大缺陷或存在不安全因素需返回重新讨论并修改,直至教师签字认可。

教师意见：_____　　教师签字：_____

续上表

**四、计划实施**

1. 按方案执行计划。
2. 记录自己存在的问题并查找解决方法。

| 序号 | 存在的问题或老师指导的问题 | 存在问题的原因及解决方法 | 老师的回答 |
| --- | --- | --- | --- |
| 1 | | | |
| 2 | | | |
| 3 | | | |
| 4 | | | |
| 5 | | | |
| 6 | | | |
| 7 | | | |
| 8 | | | |
| 9 | | | |
| 10 | | | |

**五、检验控制**

1. 师生共同检查完成效果,对存在的问题寻求解决方法,并记录在上表。
2. 教师进行操作演示,学生观看演示并记录操作要点。

续上表

3. 修改及完善工作计划,按规范工艺重新进行操作并进行评价。

| 任务名称 | | | 完成时间 | | | | min |
|---|---|---|---|---|---|---|---|
| 序号 | 工序名称 | 详细操作步骤 | 工具设备及材料 | 质量要求 | 完成效果评价 | | |
| | | | | | 自评 | 互评 | 师评 |
| 1 | | | | | | | |
| 2 | | | | | | | |
| 3 | | | | | | | |
| 4 | | | | | | | |
| 5 | | | | | | | |
| 6 | | | | | | | |
| 7 | | | | | | | |
| 8 | | | | | | | |
| 9 | | | | | | | |
| 10 | | | | | | | |
| | | | | 总评 | | | |

完成效果评价分为:A—优秀、B—良好、C—合格、D—不合格四个档次。

4. 小组自检,无问题后提交作品。

5. 小组间相互检查学习成果。

续上表

**六、评价总结**

1. 老师给我的评价：

2. 同学给我的评价：

3. 自我评价及学习小结：

**七、评估**

| 考评项目 | | 自我评估 | 小组互评 | 教师评估 | 备注 |
| --- | --- | --- | --- | --- | --- |
| 素质考评20分 | 劳动纪律10分 | | | | |
| | 环保意识10分 | | | | |
| 工单考评20分 | | | | | |
| 实操考评60分 | 工具使用5分 | | | | |
| | 任务方案10分 | | | | |
| | 实施过程30分 | | | | |
| | 完成情况15分 | | | | |
| | 其他 | | | | |
| 小计 | | | | | |
| 得分 | | | | | |

组长签字：　　　　　　　　　教师签字：

# 学习任务九

## 塑料件的涂装

### 课题卡一　新塑料件的涂装

| 任务名称 | 新塑料件的涂装 | | | | | 学时 | |
|---|---|---|---|---|---|---|---|
| 姓名 | | 专业 | | 班级 | | 日期 | |

**一、任务描述**

1. 任务目标：_____
_____。

2. 任务要求：_____
_____。

**二、资料收集**

1. 塑料涂装的目的是什么？




2. 新塑料件涂装的工具及材料有哪些？




3. 塑料是由什么做成的？塑料有哪些特性？




4. 其他还需要补充的资料有哪些？

续上表

### 三、制订计划

1. 小组分工。

| 任务名称 | | | | | | |
|---|---|---|---|---|---|---|
| 职位 | 岗位职责 | 担任职位 | 评价 | | | |
| | | | 自评 | 互评 | 师评 | |
| 组长 | 负责整个维修小组的管理、组织和实施 | | | | | |
| 质检员 | 负责对工艺流程、安全生产、作业质量等方面进行监督和检查 | | | | | |
| 讲解员 | 负责讲解本组的计划方案和计划实施 | | | | | |
| 维修员 | 负责工具的使用、维护、整个工艺流程的操作实施 | | | | | |

职位分为维修小组组长1人、质检员1人、讲解员1人、维修员2人,个人在所承担的职位栏里打"√";评价一栏按个人履行职责情况分为 A—优秀、B—良好、C—合格、D—不合格四个档次进行评价。

2. 分组后检查工件情况。

本小组的工位号是_____号,工件是_____,工件存在的缺陷(或问题)是:_____。

3. 讨论并制订工作计划。

| 序号 | 工作流程 | 所需要的工具、设备及材料 | 质量要求 | 工时 | 备注 |
|---|---|---|---|---|---|
| | | | | | |
| | | | | | |
| | | | | | |
| | | | | | |
| | | | | | |
| | | | | | |

4. 方案检查。

有无重大缺陷或存在不安全因素:□有　　□无

如果有重大缺陷或存在不安全因素需返回重新讨论并修改,直至教师签字认可。

教师意见:_____　教师签字:_____

续上表

### 四、计划实施

1. 按方案执行计划。
2. 记录自己存在的问题并查找解决方法。

| 序号 | 存在的问题或老师指导的问题 | 存在问题的原因及解决方法 | 老师的回答 |
|---|---|---|---|
| 1 | | | |
| 2 | | | |
| 3 | | | |
| 4 | | | |
| 5 | | | |
| 6 | | | |
| 7 | | | |
| 8 | | | |
| 9 | | | |
| 10 | | | |

### 五、检验控制

1. 师生共同检查完成效果，对存在的问题寻求解决方法，并记录在上表。
2. 教师进行操作演示，学生观看演示并记录操作要点。

续上表

3. 修改及完善工作计划，按规范工艺重新进行操作并进行评价。

| 任务名称 | | | 完成时间 | | | | min |
|---|---|---|---|---|---|---|---|
| 序号 | 工序名称 | 详细操作步骤 | 工具设备及材料 | 质量要求 | 完成效果评价 | | |
| | | | | | 自评 | 互评 | 师评 |
| 1 | | | | | | | |
| 2 | | | | | | | |
| 3 | | | | | | | |
| 4 | | | | | | | |
| 5 | | | | | | | |
| 6 | | | | | | | |
| 7 | | | | | | | |
| 8 | | | | | | | |
| 9 | | | | | | | |
| 10 | | | | | | | |
| | | | | 总评 | | | |

完成效果评价分为：A—优秀、B—良好、C—合格、D—不合格四个档次。

4. 小组自检，无问题后提交作品。

5. 小组间相互检查学习成果。

续上表

### 六、评价总结

1. 老师给我的评价：

2. 同学给我的评价：

3. 自我评价及学习小结：

### 七、评估

| 考评项目 | | 自我评估 | 小组互评 | 教师评估 | 备注 |
|---|---|---|---|---|---|
| 素质考评20分 | 劳动纪律10分 | | | | |
| | 环保意识10分 | | | | |
| 工单考评20分 | | | | | |
| 实操考评60分 | 工具使用5分 | | | | |
| | 任务方案10分 | | | | |
| | 实施过程30分 | | | | |
| | 完成情况15分 | | | | |
| | 其他 | | | | |
| 小计 | | | | | |
| 得分 | | | | | |

组长签字： 教师签字：

## 课题卡二 旧塑料件的涂装

| 任务名称 | 旧塑料件的涂装 | | | | | 学时 | |
|---|---|---|---|---|---|---|---|
| 姓名 | | 专业 | | 班级 | | 日期 | |

**一、任务描述**

1. 任务目标：_____
_____。

2. 任务要求：_____
_____。

**二、资料收集**

1. 汽车上常用的塑料种类有哪些？

2. 鉴别塑料的方法有哪些？

3. 塑料件表面预处理的方法有哪些？

4. 其他还需要补充的资料有哪些？

续上表

### 三、制订计划

1. 小组分工。

| 任务名称 | | | | | |
|---|---|---|---|---|---|
| 职位 | 岗位职责 | 担任职位 | 评价 | | |
| | | | 自评 | 互评 | 师评 |
| 组长 | 负责整个维修小组的管理、组织和实施 | | | | |
| 质检员 | 负责对工艺流程、安全生产、作业质量等方面进行监督和检查 | | | | |
| 讲解员 | 负责讲解本组的计划方案和计划实施 | | | | |
| 维修员 | 负责工具的使用、维护、整个工艺流程的操作实施 | | | | |

职位分为维修小组组长1人、质检员1人、讲解员1人、维修员2人,个人在所承担的职位栏里打"√";评价一栏按个人履行职责情况分为 A—优秀、B—良好、C—合格、D—不合格四个档次进行评价。

2. 分组后检查工件情况。

本小组的工位号是_____号,工件是_____,工件存在的缺陷(或问题)是:_____
_____。

3. 讨论并制订工作计划。

| 序号 | 工作流程 | 所需要的工具、设备及材料 | 质量要求 | 工时 | 备注 |
|---|---|---|---|---|---|
| | | | | | |
| | | | | | |
| | | | | | |
| | | | | | |
| | | | | | |

4. 方案检查。

有无重大缺陷或存在不安全因素:□有　　□无

如果有重大缺陷或存在不安全因素需返回重新讨论并修改,直至教师签字认可。

教师意见:_____　教师签字:_____

续上表

### 四、计划实施

1. 按方案执行计划。
2. 记录自己存在的问题并查找解决方法。

| 序号 | 存在的问题或老师指导的问题 | 存在问题的原因及解决方法 | 老师的回答 |
| --- | --- | --- | --- |
| 1 | | | |
| 2 | | | |
| 3 | | | |
| 4 | | | |
| 5 | | | |
| 6 | | | |
| 7 | | | |
| 8 | | | |
| 9 | | | |
| 10 | | | |

### 五、检验控制

1. 师生共同检查完成效果,对存在的问题寻求解决方法,并记录在上表。
2. 教师进行操作演示,学生观看演示并记录操作要点。

续上表

3. 修改及完善工作计划，按规范工艺重新进行操作并进行评价。

| 序号 | 任务名称 | | 完成时间 | | min | | |
|---|---|---|---|---|---|---|---|
| | 工序名称 | 详细操作步骤 | 工具设备及材料 | 质量要求 | 完成效果评价 | | |
| | | | | | 自评 | 互评 | 师评 |
| 1 | | | | | | | |
| 2 | | | | | | | |
| 3 | | | | | | | |
| 4 | | | | | | | |
| 5 | | | | | | | |
| 6 | | | | | | | |
| 7 | | | | | | | |
| 8 | | | | | | | |
| 9 | | | | | | | |
| 10 | | | | | | | |
| | | | | 总评 | | | |

完成效果评价分为：A—优秀、B—良好、C—合格、D—不合格四个档次。

4. 小组自检，无问题后提交作品。
5. 小组间相互检查学习成果。

续上表

**六、评价总结**

1. 老师给我的评价：

2. 同学给我的评价：

3. 自我评价及学习小结：

**七、评估**

| 考评项目 | | 自我评估 | 小组互评 | 教师评估 | 备注 |
|---|---|---|---|---|---|
| 素质考评20分 | 劳动纪律10分 | | | | |
| | 环保意识10分 | | | | |
| 工单考评20分 | | | | | |
| 实操考评60分 | 工具使用5分 | | | | |
| | 任务方案10分 | | | | |
| | 实施过程30分 | | | | |
| | 完成情况15分 | | | | |
| | 其他 | | | | |
| 小计 | | | | | |
| 得分 | | | | | |

组长签字：　　　　　　　教师签字：

# 学习任务十

## 局部修补涂装

### 课题卡一　单工序面漆局部修补涂装

| 任务名称 | 单工序面漆局部修补涂装 | | | | | 学时 | |
|---|---|---|---|---|---|---|---|
| 姓名 | | 专业 | | 班级 | | 日期 | |

一、任务描述

1. 任务目标：_____
_____。

2. 任务要求：_____
_____。

二、资料收集

1. 什么是局部修补涂装？




2. 怎样的受损车辆适合局部修补？




3. 汽车涂装中常用的喷涂手法有几种？




4. 其他还需要补充的资料有哪些？

续上表

### 三、制订计划

1. 小组分工。

| 任务名称 | | | | | | |
|---|---|---|---|---|---|---|
| 职位 | 岗位职责 | 担任职位 | 评价 | | | |
| | | | 自评 | 互评 | 师评 | |
| 组长 | 负责整个维修小组的管理、组织和实施 | | | | | |
| 质检员 | 负责对工艺流程、安全生产、作业质量等方面进行监督和检查 | | | | | |
| 讲解员 | 负责讲解本组的计划方案和计划实施 | | | | | |
| 维修员 | 负责工具的使用、维护、整个工艺流程的操作实施 | | | | | |

职位分为维修小组组长1人、质检员1人、讲解员1人、维修员2人，个人在所承担的职位栏里打"√"；评价一栏按个人履行职责情况分为 A—优秀、B—良好、C—合格、D—不合格四个档次进行评价。

2. 分组后检查工件情况。

本小组的工位号是_____号，工件是_____，工件存在的缺陷（或问题）是：_____。

3. 讨论并制订工作计划。

| 序号 | 工作流程 | 所需要的工具、设备及材料 | 质量要求 | 工时 | 备注 |
|---|---|---|---|---|---|
| | | | | | |
| | | | | | |
| | | | | | |
| | | | | | |
| | | | | | |

4. 方案检查。

有无重大缺陷或存在不安全因素：□有　　□无

如果有重大缺陷或存在不安全因素需返回重新讨论并修改，直至教师签字认可。

教师意见：_____　教师签字：_____

续上表

**四、计划实施**

1. 按方案执行计划。
2. 记录自己存在的问题并查找解决方法。

| 序号 | 存在的问题或老师指导的问题 | 存在问题的原因及解决方法 | 老师的回答 |
| --- | --- | --- | --- |
| 1 | | | |
| 2 | | | |
| 3 | | | |
| 4 | | | |
| 5 | | | |
| 6 | | | |
| 7 | | | |
| 8 | | | |
| 9 | | | |
| 10 | | | |

**五、检验控制**

1. 师生共同检查完成效果,对存在的问题寻求解决方法,并记录在上表。
2. 教师进行操作演示,学生观看演示并记录操作要点。

续上表

3. 修改及完善工作计划，按规范工艺重新进行操作并进行评价。

| 任务名称 | | | 完成时间 | | | | min |
|---|---|---|---|---|---|---|---|
| 序号 | 工序名称 | 详细操作步骤 | 工具设备及材料 | 质量要求 | 完成效果评价 | | |
| | | | | | 自评 | 互评 | 师评 |
| 1 | | | | | | | |
| 2 | | | | | | | |
| 3 | | | | | | | |
| 4 | | | | | | | |
| 5 | | | | | | | |
| 6 | | | | | | | |
| 7 | | | | | | | |
| 8 | | | | | | | |
| 9 | | | | | | | |
| 10 | | | | | | | |
| | | | | 总评 | | | |

完成效果评价分为：A—优秀、B—良好、C—合格、D—不合格四个档次。

4. 小组自检，无问题后提交作品。

5. 小组间相互检查学习成果。

续上表

## 六、评价总结

1. 老师给我的评价：

2. 同学给我的评价：

3. 自我评价及学习小结：

## 七、评估

| 考评项目 | | 自我评估 | 小组互评 | 教师评估 | 备注 |
|---|---|---|---|---|---|
| 素质考评20分 | 劳动纪律10分 | | | | |
| | 环保意识10分 | | | | |
| 工单考评20分 | | | | | |
| 实操考评60分 | 工具使用5分 | | | | |
| | 任务方案10分 | | | | |
| | 实施过程30分 | | | | |
| | 完成情况15分 | | | | |
| | 其他 | | | | |
| 小计 | | | | | |
| 得分 | | | | | |

组长签字：　　　　　　教师签字：

# 学习任务十 局部修补涂装

## 课题卡二 双工序面漆局部修补涂装

| 任务名称 | 双工序面漆局部修补涂装 | | | | 学时 | |
|---|---|---|---|---|---|---|
| 姓名 | | 专业 | | 班级 | 日期 | |

**一、任务描述**

1. 任务目标：_____。

2. 任务要求：_____。

**二、资料收集**

1. 减少局部修补涂装中出现色差的方法有哪些？

2. 进行双工序底色漆（主要是金属银粉漆）局部修补涂装应注意什么？

3. 怎样避免银粉产生"黑圈"现象？

4. 其他还需要补充的资料有哪些？

汽车涂装工艺工作页

续上表

### 三、制订计划

1. 小组分工。

| 任务名称 | | | | | |
|---|---|---|---|---|---|
| 职位 | 岗位职责 | 担任职位 | 评价 | | |
| | | | 自评 | 互评 | 师评 |
| 组长 | 负责整个维修小组的管理、组织和实施 | | | | |
| 质检员 | 负责对工艺流程、安全生产、作业质量等方面进行监督和检查 | | | | |
| 讲解员 | 负责讲解本组的计划方案和计划实施 | | | | |
| 维修员 | 负责工具的使用、维护、整个工艺流程的操作实施 | | | | |

职位分为维修小组组长 1 人、质检员 1 人、讲解员 1 人、维修员 2 人，个人在所承担的职位栏里打"√"；评价一栏按个人履行职责情况分为 A—优秀、B—良好、C—合格、D—不合格四个档次进行评价。

2. 分组后检查工件情况。

本小组的工位号是_____号，工件是_____，工件存在的缺陷(或问题)是：_____
_____。

3. 讨论并制订工作计划。

| 序号 | 工作流程 | 所需要的工具、设备及材料 | 质量要求 | 工时 | 备注 |
|---|---|---|---|---|---|
| | | | | | |
| | | | | | |
| | | | | | |
| | | | | | |
| | | | | | |
| | | | | | |
| | | | | | |

4. 方案检查。

有无重大缺陷或存在不安全因素：□有　　□无

如果有重大缺陷或存在不安全因素需返回重新讨论并修改，直至教师签字认可。

教师意见：_____ 教师签字：_____

续上表

**四、计划实施**

1. 按方案执行计划。
2. 记录自己存在的问题并查找解决方法。

| 序号 | 存在的问题或老师指导的问题 | 存在问题的原因及解决方法 | 老师的回答 |
| --- | --- | --- | --- |
| 1 | | | |
| 2 | | | |
| 3 | | | |
| 4 | | | |
| 5 | | | |
| 6 | | | |
| 7 | | | |
| 8 | | | |
| 9 | | | |
| 10 | | | |

**五、检验控制**

1. 师生共同检查完成效果,对存在的问题寻求解决方法,并记录在上表。
2. 教师进行操作演示,学生观看演示并记录操作要点。

续上表

3. 修改及完善工作计划,按规范工艺重新进行操作并进行评价。

| 序号 | 任务名称 | | 完成时间 | | | min | | |
|---|---|---|---|---|---|---|---|---|
| | 工序名称 | 详细操作步骤 | 工具设备及材料 | 质量要求 | 完成效果评价 | | | |
| | | | | | | 自评 | 互评 | 师评 |
| 1 | | | | | | | | |
| 2 | | | | | | | | |
| 3 | | | | | | | | |
| 4 | | | | | | | | |
| 5 | | | | | | | | |
| 6 | | | | | | | | |
| 7 | | | | | | | | |
| 8 | | | | | | | | |
| 9 | | | | | | | | |
| 10 | | | | | | | | |
| | | | | | 总评 | | | |

完成效果评价分为:A—优秀、B—良好、C—合格、D—不合格四个档次。

4. 小组自检,无问题后提交作品。

5. 小组间相互检查学习成果。

续上表

**六、评价总结**

1. 老师给我的评价：

2. 同学给我的评价：

3. 自我评价及学习小结：

**七、评估**

| 考评项目 | | 自我评估 | 小组互评 | 教师评估 | 备注 |
| --- | --- | --- | --- | --- | --- |
| 素质考评20分 | 劳动纪律10分 | | | | |
| | 环保意识10分 | | | | |
| 工单考评20分 | | | | | |
| 实操考评60分 | 工具使用5分 | | | | |
| | 任务方案10分 | | | | |
| | 实施过程30分 | | | | |
| | 完成情况15分 | | | | |
| | 其他 | | | | |
| 小计 | | | | | |
| 得分 | | | | | |

组长签字：　　　　　　　　　教师签字：

# 学习任务十一 Project

## 板块修补涂装

###  课题卡一　单工序面漆板块修补涂装

| 任务名称 | 单工序面漆板块修补涂装 | | | | | 学时 | |
| --- | --- | --- | --- | --- | --- | --- | --- |
| 姓名 | | 专业 | | 班级 | | 日期 | |

**一、任务描述**

1. 任务目标：_____
_____。

2. 任务要求：_____
_____。

**二、资料收集**

1. 板块内的过渡修补涂装和局部修补涂装有什么区别？




2. 什么是汽车板块修补涂装？怎样的受损车辆适合板块修补涂装？




3. 其他还需要补充的资料有哪些？

续上表

### 三、制订计划

1. 小组分工。

| 任务名称 | | | | | |
|---|---|---|---|---|---|
| 职位 | 岗位职责 | 担任职位 | 评价 | | |
| | | | 自评 | 互评 | 师评 |
| 组长 | 负责整个维修小组的管理、组织和实施 | | | | |
| 质检员 | 负责对工艺流程、安全生产、作业质量等方面进行监督和检查 | | | | |
| 讲解员 | 负责讲解本组的计划方案和计划实施 | | | | |
| 维修员 | 负责工具的使用、维护、整个工艺流程的操作实施 | | | | |

职位分为维修小组组长 1 人、质检员 1 人、讲解员 1 人、维修员 2 人，个人在所承担的职位栏里打"√"；评价一栏按个人履行职责情况分为 A—优秀、B—良好、C—合格、D—不合格四个档次进行评价。

2. 分组后检查工件情况。

本小组的工位号是_____号，工件是_____，工件存在的缺陷(或问题)是：_____。

3. 讨论并制订工作计划。

| 序号 | 工作流程 | 所需要的工具、设备及材料 | 质量要求 | 工时 | 备注 |
|---|---|---|---|---|---|
| | | | | | |
| | | | | | |
| | | | | | |
| | | | | | |
| | | | | | |
| | | | | | |
| | | | | | |

4. 方案检查。

有无重大缺陷或存在不安全因素：□有　　□无

如果有重大缺陷或存在不安全因素需返回重新讨论并修改，直至教师签字认可。

教师意见：_____教师签字：_____

续上表

### 四、计划实施

1. 按方案执行计划。
2. 记录自己存在的问题并查找解决方法。

| 序号 | 存在的问题或老师指导的问题 | 存在问题的原因及解决方法 | 老师的回答 |
| --- | --- | --- | --- |
| 1 | | | |
| 2 | | | |
| 3 | | | |
| 4 | | | |
| 5 | | | |
| 6 | | | |
| 7 | | | |
| 8 | | | |
| 9 | | | |
| 10 | | | |

### 五、检验控制

1. 师生共同检查完成效果,对存在的问题寻求解决方法,并记录在上表。
2. 教师进行操作演示,学生观看演示并记录操作要点。

续上表

3. 修改及完善工作计划，按规范工艺重新进行操作并进行评价。

| 任务名称 | | | 完成时间 | | | | min |
|---|---|---|---|---|---|---|---|
| 序号 | 工序名称 | 详细操作步骤 | 工具设备及材料 | 质量要求 | 完成效果评价 | | |
| | | | | | 自评 | 互评 | 师评 |
| 1 | | | | | | | |
| 2 | | | | | | | |
| 3 | | | | | | | |
| 4 | | | | | | | |
| 5 | | | | | | | |
| 6 | | | | | | | |
| 7 | | | | | | | |
| 8 | | | | | | | |
| 9 | | | | | | | |
| 10 | | | | | | | |
| | | | | 总评 | | | |

完成效果评价分为：A—优秀、B—良好、C—合格、D—不合格四个档次。

4. 小组自检，无问题后提交作品。

5. 小组间相互检查学习成果。

续上表

### 六、评价总结

1. 老师给我的评价：

2. 同学给我的评价：

3. 自我评价及学习小结：

### 七、评估

| 考评项目 | | 自我评估 | 小组互评 | 教师评估 | 备注 |
|---|---|---|---|---|---|
| 素质考评20分 | 劳动纪律10分 | | | | |
| | 环保意识10分 | | | | |
| 工单考评20分 | | | | | |
| 实操考评60分 | 工具使用5分 | | | | |
| | 任务方案10分 | | | | |
| | 实施过程30分 | | | | |
| | 完成情况15分 | | | | |
| | 其他 | | | | |
| 小计 | | | | | |
| 得分 | | | | | |

组长签字：　　　　　　　　　教师签字：

## 课题卡二　双工序面漆板块修补涂装

| 任务名称 | 双工序面漆板块修补涂装 | | | | | 学时 | |
|---|---|---|---|---|---|---|---|
| 姓名 | | 专业 | | 班级 | | 日期 | |

**一、任务描述**

1. 任务目标：_____

_____。

2. 任务要求：_____

_____。

**二、资料收集**

1. 常见的板块修补涂装工艺有哪几种？

2. 汽车上的特殊涂装形式有哪些？

3. 汽车上的其他零部件是怎样涂装的？

4. 其他还需要补充的资料有哪些？

续上表

### 三、制订计划

1. 小组分工。

| 任务名称 | | | | | |
|---|---|---|---|---|---|
| 职位 | 岗位职责 | 担任职位 | 评价 | | |
| | | | 自评 | 互评 | 师评 |
| 组长 | 负责整个维修小组的管理、组织和实施 | | | | |
| 质检员 | 负责对工艺流程、安全生产、作业质量等方面进行监督和检查 | | | | |
| 讲解员 | 负责讲解本组的计划方案和计划实施 | | | | |
| 维修员 | 负责工具的使用、维护、整个工艺流程的操作实施 | | | | |

职位分为维修小组组长1人、质检员1人、讲解员1人、维修员2人，个人在所承担的职位栏里打"√"；评价一栏按个人履行职责情况分为 A—优秀、B—良好、C—合格、D—不合格四个档次进行评价。

2. 分组后检查工件情况。

本小组的工位号是_____号,工件是_____,工件存在的缺陷(或问题)是:_____
_____。

3. 讨论并制订工作计划。

| 序号 | 工作流程 | 所需要的工具、设备及材料 | 质量要求 | 工时 | 备注 |
|---|---|---|---|---|---|
| | | | | | |
| | | | | | |
| | | | | | |
| | | | | | |

4. 方案检查。

有无重大缺陷或存在不安全因素:□有　　□无

如果有重大缺陷或存在不安全因素需返回重新讨论并修改,直至教师签字认可。

教师意见:_____教师签字:_____

续上表

### 四、计划实施

1. 按方案执行计划。
2. 记录自己存在的问题并查找解决方法。

| 序号 | 存在的问题或老师指导的问题 | 存在问题的原因及解决方法 | 老师的回答 |
| --- | --- | --- | --- |
| 1 | | | |
| 2 | | | |
| 3 | | | |
| 4 | | | |
| 5 | | | |
| 6 | | | |
| 7 | | | |
| 8 | | | |
| 9 | | | |
| 10 | | | |

### 五、检验控制

1. 师生共同检查完成效果,对存在的问题寻求解决方法,并记录在上表。
2. 教师进行操作演示,学生观看演示并记录操作要点。

续上表

3. 修改及完善工作计划,按规范工艺重新进行操作并进行评价。

| 任务名称 | | | 完成时间 | | min | | |
|---|---|---|---|---|---|---|---|
| 序号 | 工序名称 | 详细操作步骤 | 工具设备及材料 | 质量要求 | 完成效果评价 | | |
| | | | | | 自评 | 互评 | 师评 |
| 1 | | | | | | | |
| 2 | | | | | | | |
| 3 | | | | | | | |
| 4 | | | | | | | |
| 5 | | | | | | | |
| 6 | | | | | | | |
| 7 | | | | | | | |
| 8 | | | | | | | |
| 9 | | | | | | | |
| 10 | | | | | | | |
| | | | | 总评 | | | |

完成效果评价分为:A—优秀、B—良好、C—合格、D—不合格四个档次。

4. 小组自检,无问题后提交作品。

5. 小组间相互检查学习成果。

续上表

## 六、评价总结

1. 老师给我的评价：

2. 同学给我的评价：

3. 自我评价及学习小结：

## 七、评估

| 考评项目 | | 自我评估 | 小组互评 | 教师评估 | 备注 |
|---|---|---|---|---|---|
| 素质考评20分 | 劳动纪律10分 | | | | |
| | 环保意识10分 | | | | |
| 工单考评20分 | | | | | |
| 实操考评60分 | 工具使用5分 | | | | |
| | 任务方案10分 | | | | |
| | 实施过程30分 | | | | |
| | 完成情况15分 | | | | |
| | 其他 | | | | |
| 小计 | | | | | |
| 得分 | | | | | |

组长签字：　　　　　　教师签字：

# 学习任务十二

## 全车涂装

### 课题卡一  全车面漆前处理

| 任务名称 | 全车面漆前处理 | | | | | 学时 | |
| --- | --- | --- | --- | --- | --- | --- | --- |
| 姓名 | | 专业 | | 班级 | | 日期 | |

**一、任务描述**

1. 任务目标：_____
_____。

2. 任务要求：_____
_____。

**二、资料收集**

1. 什么是全车涂装？

2. 为什么要进行全车喷涂？

3. 全车修补涂装的方法有哪些？

4. 其他还需要补充的资料有哪些？

续上表

### 三、制订计划

1. 小组分工。

| 任务名称 | | | | | |
|---|---|---|---|---|---|
| 职位 | 岗位职责 | 担任职位 | 评价 | | |
| | | | 自评 | 互评 | 师评 |
| 组长 | 负责整个维修小组的管理、组织和实施 | | | | |
| 质检员 | 负责对工艺流程、安全生产、作业质量等方面进行监督和检查 | | | | |
| 讲解员 | 负责讲解本组的计划方案和计划实施 | | | | |
| 维修员 | 负责工具的使用、维护、整个工艺流程的操作实施 | | | | |

职位分为维修小组组长1人、质检员1人、讲解员1人、维修员2人,个人在所承担的职位栏里打"√";评价一栏按个人履行职责情况分为 A—优秀、B—良好、C—合格、D—不合格四个档次进行评价。

2. 分组后检查工件情况。

本小组的工位号是_____号,工件是_____,工件存在的缺陷(或问题)是:_____
_____。

3. 讨论并制订工作计划。

| 序号 | 工作流程 | 所需要的工具、设备及材料 | 质量要求 | 工时 | 备注 |
|---|---|---|---|---|---|
| | | | | | |
| | | | | | |
| | | | | | |
| | | | | | |
| | | | | | |
| | | | | | |

4. 方案检查。

有无重大缺陷或存在不安全因素:□有  □无

如果有重大缺陷或存在不安全因素需返回重新讨论并修改,直至教师签字认可。

教师意见:_____ 教师签字:_____

续上表

### 四、计划实施
1. 按方案执行计划。
2. 记录自己存在的问题并查找解决方法。

| 序号 | 存在的问题或老师指导的问题 | 存在问题的原因及解决方法 | 老师的回答 |
|---|---|---|---|
| 1 | | | |
| 2 | | | |
| 3 | | | |
| 4 | | | |
| 5 | | | |
| 6 | | | |
| 7 | | | |
| 8 | | | |
| 9 | | | |
| 10 | | | |

### 五、检验控制
1. 师生共同检查完成效果,对存在的问题寻求解决方法,并记录在上表。
2. 教师进行操作演示,学生观看演示并记录操作要点。

续上表

3.修改及完善工作计划,按规范工艺重新进行操作并进行评价。

| 任务名称 | | | 完成时间 | | | min |
|---|---|---|---|---|---|---|
| 序号 | 工序名称 | 详细操作步骤 | 工具设备及材料 | 质量要求 | 完成效果评价 | | |
| | | | | | 自评 | 互评 | 师评 |
| 1 | | | | | | | |
| 2 | | | | | | | |
| 3 | | | | | | | |
| 4 | | | | | | | |
| 5 | | | | | | | |
| 6 | | | | | | | |
| 7 | | | | | | | |
| 8 | | | | | | | |
| 9 | | | | | | | |
| 10 | | | | | | | |
| | | | | 总评 | | | |

完成效果评价分为:A—优秀、B—良好、C—合格、D—不合格四个档次。

4.小组自检,无问题后提交作品。

5.小组间相互检查学习成果。

续上表

## 六、评价总结

1. 老师给我的评价：

2. 同学给我的评价：

3. 自我评价及学习小结：

## 七、评估

| 考评项目 | | 自我评估 | 小组互评 | 教师评估 | 备注 |
|---|---|---|---|---|---|
| 素质考评20分 | 劳动纪律10分 | | | | |
| | 环保意识10分 | | | | |
| 工单考评20分 | | | | | |
| 实操考评60分 | 工具使用5分 | | | | |
| | 任务方案10分 | | | | |
| | 实施过程30分 | | | | |
| | 完成情况15分 | | | | |
| | 其他 | | | | |
| 小计 | | | | | |
| 得分 | | | | | |

组长签字：　　　　　　　教师签字：

## 课题卡二　全车面漆及面漆后处理

| 任务名称 | 全车面漆及面漆后处理 | | | | 学时 | |
|---|---|---|---|---|---|---|
| 姓名 | | 专业 | | 班级 | 日期 | |

**一、任务描述**

1. 任务目标：_____。

2. 任务要求：_____。

**二、资料收集**

1. 汽车修补涂料的发展趋势是怎样的？




2. 水性漆应具备哪些性能？




3. 水性漆有哪些特点？




4. 其他还需要补充的资料有哪些？

续上表

### 三、制订计划

1. 小组分工。

| 任务名称 | | | | | |
|---|---|---|---|---|---|
| 职位 | 岗位职责 | 担任职位 | 评价 | | |
| | | | 自评 | 互评 | 师评 |
| 组长 | 负责整个维修小组的管理、组织和实施 | | | | |
| 质检员 | 负责对工艺流程、安全生产、作业质量等方面进行监督和检查 | | | | |
| 讲解员 | 负责讲解本组的计划方案和计划实施 | | | | |
| 维修员 | 负责工具的使用、维护、整个工艺流程的操作实施 | | | | |

职位分为维修小组组长1人、质检员1人、讲解员1人、维修员2人，个人在所承担的职位栏里打"√"；评价一栏按个人履行职责情况分为 A—优秀、B—良好、C—合格、D—不合格四个档次进行评价。

2. 分组后检查工件情况。

本小组的工位号是_____号,工件是_____,工件存在的缺陷(或问题)是:_____
_____。

3. 讨论并制订工作计划。

| 序号 | 工作流程 | 所需要的工具、设备及材料 | 质量要求 | 工时 | 备注 |
|---|---|---|---|---|---|
| | | | | | |
| | | | | | |
| | | | | | |
| | | | | | |
| | | | | | |
| | | | | | |

4. 方案检查。

有无重大缺陷或存在不安全因素:□有　　□无

如果有重大缺陷或存在不安全因素需返回重新讨论并修改,直至教师签字认可。

教师意见:_____教师签字:_____

续上表

**四、计划实施**

1. 按方案执行计划。
2. 记录自己存在的问题并查找解决方法。

| 序号 | 存在的问题或老师指导的问题 | 存在问题的原因及解决方法 | 老师的回答 |
| --- | --- | --- | --- |
| 1 | | | |
| 2 | | | |
| 3 | | | |
| 4 | | | |
| 5 | | | |
| 6 | | | |
| 7 | | | |
| 8 | | | |
| 9 | | | |
| 10 | | | |

**五、检验控制**

1. 师生共同检查完成效果,对存在的问题寻求解决方法,并记录在上表。
2. 教师进行操作演示,学生观看演示并记录操作要点。

续上表

3. 修改及完善工作计划,按规范工艺重新进行操作并进行评价。

| 任务名称 | | | 完成时间 | | | | min |
|---|---|---|---|---|---|---|---|
| 序号 | 工序名称 | 详细操作步骤 | 工具设备及材料 | 质量要求 | 完成效果评价 | | |
| | | | | | 自评 | 互评 | 师评 |
| 1 | | | | | | | |
| 2 | | | | | | | |
| 3 | | | | | | | |
| 4 | | | | | | | |
| 5 | | | | | | | |
| 6 | | | | | | | |
| 7 | | | | | | | |
| 8 | | | | | | | |
| 9 | | | | | | | |
| 10 | | | | | | | |
| | | | | 总评 | | | |

完成效果评价分为:A—优秀、B—良好、C—合格、D—不合格四个档次。

4. 小组自检,无问题后提交作品。

5. 小组间相互检查学习成果。

续上表

**六、评价总结**

1. 老师给我的评价：

2. 同学给我的评价：

3. 自我评价及学习小结：

**七、评估**

| 考评项目 | | 自我评估 | 小组互评 | 教师评估 | 备注 |
|---|---|---|---|---|---|
| 素质考评20分 | 劳动纪律10分 | | | | |
| | 环保意识10分 | | | | |
| 工单考评20分 | | | | | |
| 实操考评60分 | 工具使用5分 | | | | |
| | 任务方案10分 | | | | |
| | 实施过程30分 | | | | |
| | 完成情况15分 | | | | |
| | 其他 | | | | |
| 小计 | | | | | |
| 得分 | | | | | |

组长签字：　　　　　　教师签字：